U0024189

咖啡館裏遇見尼采

Nietzsche In Cafe

張笑恒 編著

要真正體驗生命，
你必須站在生命之上。
——尼采

Contents

Contents

前 言

弗里德里希・威廉・尼采（Friedrich Wilhelm Nietzsche，1844～1900），德國著名哲學家，西方現代哲學的開創者之一，同時也是卓越的詩人和散文家。主要著作有《悲劇的誕生》、《人性的，太人性的》、《查拉圖斯特拉如是說》、《樂觀的智慧》、《善惡的彼岸》等。

尼采是有史以來被人們談論最多的哲學家之一。

他被人們熟知首先是因為他那不尋常的命運。他早年喪父，遭受過失戀的打擊，病痛又折磨他一生直至精神分裂，過早地離開人世。

尼采同時又是最多被誤解的哲學家之一。

由於觀點和立場不同，人們對他毀譽不一，對他的思想作出了各種各樣的解釋。不僅如此，尼采的思想由於採取獨特、強勁、充滿隱喻和矛盾，甚至是「瘋癲」的獨白形式，還常常

遭到誤解，以致有人說，尼采的生平和著作受到了近代文學史和思想史上最嚴重的曲解。

對此，尼采是坦然的，他在《瞧，這個人》中說：「今天沒有人聽從我，沒有人知道如何接受我提出的東西，這個事實不但可以理解，也是非常適當的。」而且，他自信地喊出：「屬於我的時代還沒有到來，有些人是出生太早了。」

這讓我們覺得尼采真是個自大狂，但他的預言沒有錯，他的思想對後世的影響是巨大的。

他的生存哲學和主張，不僅對十九世紀末二十世紀的西方思想文化影響極深，而且也強烈地影響或改變了許多名人的思想及生活。

魯迅說《查拉圖斯特拉如是說》的精髓是「鼓勵人類日漸向上」，同時也讓行走在今天物質文明欣欣向榮的凡人，深深震撼。

尼采早在他的第一部學術著作——《悲劇的誕生》中，就已開始對現代文明的批判。他指出在現代社會裏，儘管物質財富日益增多，可是人們並沒有得到真正的自由和幸福。僵死的機械模式壓抑人的個性，使人們失去自由思想的激情和創造文化的衝動，現代文化如此頹廢，這是現代文明的病症，其根源

是生命本能的萎縮。

尼采的思想具有一種無比強大的衝擊力，打破了我們衰弱的神經，帶給我們衝擊與新生。他向世人發出了「上帝已死」的呼聲，宣稱以宗教信仰為基礎的道德觀和價值觀必須徹底摧毀，提出重新評估一切價值體系，主張以人自身作為自己存在的意義和價值的基礎。

尼采提出了「超人」英雄主義的哲學人生觀，不做沒有個性、沒有創見、沒有出息的庸人，而要張揚自己的個性，最大限度發揮個人的潛能意志，去開發創新人生。

尼采最常用的詞之一就是「勇敢」，他的第一條戒律也許就是「勇敢地成為你自己」。他在《瞧，這個人》中寫道：「現在，我要命令你們丟開我去尋找你們自己；只有當你們都排拒我時，我才會回到你們中來。」是的，勇敢做自己，我們才能以最舒服最自然的姿勢享受生命！

他一生都在為苦苦折磨他的生命意義問題尋求一個答案，叔本華全盤否定人生，他卻竭力借藝術肯定人生。他的生命的衝動、意志的力量，讓無數人徹夜難眠。

比如，尼采十分推崇卡爾德隆的一句話：

人所犯最大的罪，就是他出生在世。

正如他在《快樂的科學》第二卷第七十三條《神聖的殘

酷》裏寫的故事：

　　一個男人抱著剛出生的嬰兒去見聖者，他問：「我該怎麼辦呀？這孩子痛苦、畸形、半死不活。」

　　聖者厲聲答：「快點弄死他，然後你抱著他，抱三天三夜，這樣你就會記住，不要在不該要孩子的情況下要孩子！」

　　很多人都指責聖者殘忍，聖者說：「讓嬰兒活下去，經受一生的痛苦，不是更殘忍嗎？」

　　相信看這個故事的人，都會揪心的疼，甚至落淚，卻又會產生令人心驚的共鳴。

　　無疑，尼采的快樂是殘酷的，他以一種旁觀者的角度看這世間，靈魂卻永遠無法脫離肉體，註定在世間遭受苦難。而這痛苦的體驗，卻閃耀著美麗的光輝，成了他生命不可分離的一部分，他也因此顯得更加真實。

　　尼采說：「我需要孤獨，也就是說，我需要恢復我的本來面目回到我自己，呼吸自由、清新而令人興奮的空氣……」

　　尼采是一個孤獨寂寞的先哲，一個在冷酷的銀河裏閃爍的星星。天才總是孤獨的、智慧的，尼采的感悟裏充滿了痛苦的體驗，但正如浩瀚宇宙中飛逝的流星一樣，從他的著作中，我們在黑暗的天空看到了生命的光芒，也讀到了探索人生、探索生命的智慧和勇氣！

在很多人看來，尼采的哲學玄奧難懂，枯燥乏味，然而這卻是大多數人對他作品的誤讀。英國思想家羅素曾說過：尼采是一位偉大的文學藝術家，他的著作看起來更像是詩體散文而不是哲學。他創立了不同以往的形態迥異的奇特哲學，展示了自己的哲學思想。

本書囊括了尼采思想中，最具代表性的觀點和主張，每篇文章都是從我們周圍世界的真實事件出發，從而得出哲學觀點如何關照現實世界的精妙體現。閱讀它，你會感到泉水躍動成洪流奔馳著，時而熱情跳躍，時而變幻無窮，既不會感覺到哲學的沉悶無聊，還會發現，只要留心觀察，生活中俯拾皆是可供玩味的哲理。

當代著名尼采哲學專家周國平說：「我主要是把尼采當作一位人生哲學家看待的。讀他的著作，最使我震撼的是他面對人生難題的無比真誠的態度。與尼采相遇，我的最大收穫之一是找回了人性的語言。」

尼采是一個天才，一個在人類哲學史、美學史上恣意表演的天才。的確，他是那麼特立獨行，卻一直在我們身邊，不曾離開。

第一章
以審美的眼光看人生

痛苦來時，不要問為什麼會是我，
快樂來的時候，你這樣問過自己嗎？

——《悲劇的誕生》——

如果痛苦的不應是你，
那麼快樂為什麼屬於你

> 痛苦來時，不要問為什麼會是我，快樂來的時候，你
> 這樣問過自己嗎？
> ——《悲劇的誕生》

　　遭遇逆境，被痛苦擊中，我們憤意難平：為什麼我這麼倒楣？為什麼是我？

　　其實，痛苦和快樂就像硬幣的兩面，在不斷地拋投過程中，它們出現的機會是平等的。但對個體而言，出現的次數自然不同，就像中獎，有的人買了半輩子也沒中，有的人只買一次就中了五百萬。快樂和痛苦都是平等的，只不過一個是貌若天仙，一個是醜如厲鬼。

　　前者總是更為受歡迎，而對於後者，我們唯恐避之不及。

快樂來的時候，就像美女陪我們進餐，我們興奮、開心。痛苦來的時候，我們抱怨、沮喪、哭泣。

如果換一個思維，既然一枚硬幣，我們不能選擇只要一面。快樂和痛苦，我們也不應只選快樂，而逃避痛苦。

如果人生一路都是歡聲笑語，那麼快樂的味道就會變淡；如果因為一次挫折就將自己的心打入萬劫不復的痛苦深淵，生命也就失去了價值。何況，痛苦本身並不是沒有價值。

尼采在《快樂的科學》中寫道：「說到疾病，我們可以試問一下，它對於我們究竟是否可以或缺？唯有大痛苦才是心靈最後的解放者，成為大疑惑的導師。」

在《漂泊者及其影子》中，尼采也寫道：「如果沒有痛苦，人只能有卑微的幸福。偉大的幸福是戰勝痛苦之後的情感。痛苦可以磨練心智、激發潛力、解放心靈。而除了痛苦自身，人的痛苦別無解救途徑。因此，我們要正視痛苦，接受痛苦，靠痛苦增強生命力，然後靠增強了的生命力戰勝痛苦。英雄和凡人的不同之處就在於，英雄敢於直接面對最高的痛苦和最高的希望。熱愛人生的人也許比別人感受到更多更強烈的痛苦，但也能感受到更多更強烈的快樂。與痛苦相對抗，是人生最有趣味的事情。」

我們應該像接受快樂一樣去接受痛苦的洗禮。

痛苦和快樂都是人生一部分，無論地位高低、出身貧富。

老了都會記憶力下降，行動遲緩；病了都會憔悴不堪、疼痛乏力；臨死的時候，都會依依不捨，傷別離。這樣的苦，我們每個人都會遇到，既然不可避免，就沒必要成天哀嘆於痛苦。

佛說：人生苦樂參半。沒有嘗過苦澀滋味的人，不會理解快樂的真正含義。沒有經過辛苦奮鬥的人，也體會不出人生的意義。所以，有苦有樂的人生才是充實的。

老子在《道德經》裏說：「天下皆知美之為美，斯惡已。皆知善之為善，斯不善已。故有無相生，難易相成，長短相形，高下相傾，音聲相和，前後相隨。」世界便是如此，一棟大樓，既然有向南向陽的一面，就必然有向北背陰的一面；磁鐵總是有S有N，切去一極，總會再生兩極出來。

人生有樂必有苦，人生有苦就有樂。樂中自有人生苦，苦中也有人生樂。人生樂從苦中來，苦盡甘來便是樂。樂極生悲即為苦，否極泰來就是樂。何必把痛苦視作可怕災難，快樂視作理所當然？真正智慧的人，即便是身處「苦」中，依然能保持樂的心境。

積極來看，痛苦就是讓我們在流光裏感受情緒變遷，由痛苦衍生的悲憤、張力、不爭、不屈的高層情緒也是一種力量，積極的人會借此創造更有生命力的東西，體現自己的價值。

生命的顏色不應該是單一的，紅黃藍綠紫，色彩繽紛，方見絢麗繁華。痛苦、快樂，就是生命不同的顏色，你可以偏愛

紅色，但也要允許黑色存在，你也可以嘗試愛上它。

　　苦樂兼雜，亦有其趣，誰說苦澀和樂趣是不能共存的呢。好或不好，本亦是一對相生相對的概念，和高下、長短、善惡、苦樂一樣，因境而變，因心而轉。天下人以爲好的，於己未必就好；自己追求的生命的極致，於別人也許是最雞肋不過的行事。有時思慮過多，評判過多，往往迷失了本心，反不如平心靜慮，不帶偏見地處世，接受人生的賜予。

世界猶如一件
自我生育的藝術品

只有作為一種審美現象，人生和世界才顯得是有充足理由的。在這個意義上，甚至醜與不和諧也是意志在其永遠洋溢的快樂中藉以自娛的一種審美遊戲。

——《悲劇的誕生》

尼采要人首先以藝術家的方式看待世界和人生，然後才以科學家的方式看待它們。他在《權力意志》中說：「世界猶如一件自我生育的藝術品。」

如果人生就是一個藝術品，那我們就應用欣賞的眼光去看待，哪怕它並不完美，甚至存在缺憾。

牡丹國色天姿，卻缺少沁人心脾的馨香；茉莉花香襲人，但卻沒有豔麗的顏色；玫瑰色香俱佳，卻又渾身是刺……如果我們用完美的眼光來看待這些花，有誰能夠真正完美呢？正是因為這些遺憾，才使得它們各具風味，別具一格。

即便是悲劇，又何嘗不是一種美呢？如果我們能夠欣賞悲劇，就會多一份坦然和淡定，而不至於被它嚇倒。

《上帝的吻痕》講了這樣一個故事：

一位父親向上帝祈禱，請求賜予他一個與眾不同的兒子，上帝答應了。於是，為了方便父親找到兒子，上帝在一個男孩的臉上輕輕地吻了一下，從此男孩的臉上就留下了一塊胎記。

那一瞬間，小男孩自卑的心，就像童話中的場景一樣，巫婆的咒語被一個懷著愛的吻輕輕解開，天使的翅膀輕輕拂過大地，清脆的風鈴聲從遙遠的天際傳來。他知道自己是多麼幸運。

當愛神維納斯裸露的軀體，殘缺的斷臂展示在世人的面前時，人們感嘆的並不是她美中不足的缺憾，反而給了她很高的讚譽和地位。

正因為有瑕疵，才有獨特的美和價值。

有一個貧窮的漁夫某天打魚的時候，意外找到一顆晶瑩圓潤的大珍珠，他欣喜若狂。

但是很快，他就發現珍珠上有一個黑點，這個黑點留在珍珠上妨礙了珍珠的美麗，於是漁夫拿刀子刮，想要刮掉那個小黑點。刮了一層又一層，終於，小黑點消失了，而珍珠也沒了。

有人說，圓滿是一種美；有人說，完整是一種美。其實，缺憾之美更讓人回味無窮，意境深遠，更震撼人心。

在藝術界裏，有的評論家甚至提出：

「完美的趣味本身就是一種局限，單調的美容易使人淡忘，而一些缺點往往起到震撼心靈的作用，使創作更加生動真實。」

的確，完美與缺憾本身就是相對存在的，如果沒有缺憾，又如何能顯出完美的魅力？就像如果沒有沙漠，人們就不會產生對綠洲的期待。

生活中也是如此。你可以搜索一下自己的記憶，你會發現你記憶猶新的和自以為美好的，實際上並不是那些真正完美的事情。正如當初我們錯過了一份美好的感情，如今每每都會想起，時時都會拿出來玩味，所有的遺憾都沉澱成了一種美麗的情愫。

承認悲劇，
才能直面痛苦

在悲劇面前，我們靈魂裏的戰士慶祝他的狂歡節；誰習慣於痛苦，誰尋求痛苦，英雄氣概的人就以悲劇來褒揚他的生存。
　　　　　　　　　　　　　　　——《悲劇的誕生》

人們不喜歡或者害怕自己身上發生悲劇，卻又常常被別人身上的悲劇所打動，比如電視、電影裏的。

但誰也無法避免悲劇的發生，比如我們遭遇了疾病、意外，失去了健康、失去了財產等，這都會讓我們自責、後悔、抱怨，在痛苦中糾纏不休。

如果木已成舟，任何掙扎和改變都是徒勞，那不如接受。

我們不是世界的操控者，所以有些事情是我們不能把握和控制的，但是我們是自己情緒的操控者，要清楚的明白既然木已成舟，就意味著放棄了很多的可能性，哀嘆和惋惜並不能挽回這塊木頭的命運。

無法接受痛苦的時候，痛快就像是緊箍咒，越痛越緊，越緊越痛。

在幻念之中，痛苦是有形狀的，它就是一張迎面撒下來的大網，越是掙扎越是痛苦；痛苦是有顏色的，是漫無邊際的黑色，它的心情是抱臂冷觀的幸災樂禍。

但是它懼怕你，懼怕你站起來，用那雙尋找光明的眼睛直視它，面對它，當你遭受了痛苦再次站起來跟它面對面的時候，你已經粉碎了痛苦。

英國史學家卡萊爾經過多年的艱辛耕耘，終於完成了《法國大革命史》的全部文稿。他將原稿送給了好

友米爾閱讀，希望米爾能夠給自己提出更好的建議。

可是，沒過多少天，米爾就臉色蒼白渾身發抖地跑來，他向卡萊爾報告了一個悲慘的消息。

原來《法國大革命史》的原稿除了少數幾張散頁外，已經全被他家裏的女傭當作廢紙，丟入火爐化為灰燼了，沒有再找到的可能。

更讓卡萊爾絕望的是，當初他每完成一章，傭人便隨手撕碎了原來的筆記、草稿，沒有留下任何記錄。

這意味著他若想繼續，一切都必須從零開始。

他重振精神，決定重新搜集整理素材，第二次完成了《法國大革命史》。

很多時候，當我們犯下錯誤時，有的人總是待在悔恨的誤區中不能自拔，為此讓自己的心永遠被失敗所佔據。

既然沒有能力去改變過去，既然到最後還是要承認、面對、接受，不如早一點主動去接受那些不幸，接受生活的真相。當你接受了，就不會浪費時間再去抱怨諸多不公，抱怨自己命運坎坷，然後才能坦然地面對，也才能由此迸發出更多的正能量。

在許多人眼中，美國著名的投資大師奧爾特・巴頓是

個非常聰明的投資者。然而，即便巴頓再聰明，也有犯錯的時候。

幾年前，巴頓在一次看似十拿九穩的投資中，因為一個粗心的分析，導致資料出現偏差，損失了一大筆資金。

但是巴頓卻顯得異常沉著，沒有在錯誤出現的時候手忙腳亂，也沒有推脫自己的責任，而是主動誠懇地向合夥人道了歉，並且宣布「一定會從這次失誤中汲取教訓」。

之後巴頓再次投資創業，並從中吸取教訓，獲得了巨大的成功。

在接受記者採訪時，巴頓大聲宣告：「如果能時刻反省自己的不足，那麼上一次失敗的經驗，將會成為這一次成功的秘訣。」

換個角度看，不幸，不正是催生美好未來的力量嗎？比如霍金、貝多芬、海倫·凱勒，並不是因為上帝多麼垂憐他們，事實上，相對於普通人，上帝給他們的更少一些，而是因為他們勇於接受事實，接受生活的真相。

悲劇發生了，就要承認它。承認是第一步，不承認它你就無法面對它，不面對又如何解決它？

用尼采的話說：正視它之後並沒有被嚇癱，用形而上的慰藉使我們暫時逃脫世態變遷的紛擾。

我們在短促的瞬間真的成為原始生靈本身，感覺到它的不可遏止的生存欲望和快樂。將那些痛苦用形而上的意識轉化為意志力的「運動場」，當你大汗淋漓地跑完全程，克服了跌倒和疲勞，就會獲得愉快的體驗。

心理學家把這些輕度悲劇比作「精神補品」，因為每承認一次，面對一次，就多了一份勇氣，為精神加大了承受度。

不要期望上帝賜給我們完美好喝的檸檬汁，事實上，祂總是處處用缺憾來刁難我們，這簡直會讓我們憎恨，但是卻又無可奈何。如果你拿到了又苦又酸，甚至還有毒的「檸檬」，也不要太抱怨，自己想辦法把它剖開、切片、榨乾，細細地加工再處理，然後靜靜的坐下來，好好享受歷經千辛萬苦才得到的寶貴檸檬汁吧。

也正因為有了這個過程，你手裏的檸檬汁才愈加的珍貴，愈加的香甜，這時，你便會感謝上帝給你的這個檸檬。

人是美的判斷標準和依據

如果試圖離開人對人的愉悅去思考美，就會立刻失去根據和立足點。「自在之美」實在是一句空話，從來不是一個概念。在美之中，人把自身樹為完美的尺度；在精選的場合，他在美之中崇拜自己。一個物種捨此便不能自我肯定。它的至深本能，自我保存和自我繁衍的本能，在這樣的昇華中依然發生作用⋯⋯歸根到底，人把自己映照在事物裏，他又把一切反映他的形象的事物認作美的。

——《偶像的黃昏》

　　近年來盛行選美，每年都會有「環球小姐」、「國際小姐」等登臺亮相，即便是這些經過層層選拔的美女，也會遭到一部分人的反對非議。

　　尼采認為世界本沒有美，只因有了人，人把世界「人化」。也就是說，美的感覺，就像幸福的感覺，每個人內心中

都有一套自己的評判標準。

　　審美觀點的不同，導致一些人眼裏的美女，在另外一些人眼裏卻是普通人；而一些姿色平庸的人，在另外一些人眼裏卻具有非凡的魅力。

　　正所謂：有一千個觀眾就有一千個哈姆雷特。女作家夏洛蒂在她的小說《簡愛》中也曾說過：「美與不美，全在看的人的眼睛。」正因為人的這種主觀性，才出現了「蘿蔔白菜各有所愛」，「情人眼裏出西施」，「西施眼裏出英雄」的現象。

　　十九世紀四〇年代，在英國倫敦有一名叫伊莉莎白‧芭莉特的女詩人。她寫的詩打動了很多人，因此很多人都來慕名求見她。

　　但是，芭莉特並不是美女，甚至連普通都談不上。她身軀嬌小，瘦得皮包骨，而且還是個癱瘓病人，終年臥床不起。所以，她閉門不出，從不去見那些追求她的人，到了四十歲還是小姑獨處。

　　一位年輕的小夥子白朗寧卻不可救藥地愛上了她，他愛她的詩，愛她的靈魂。經過幾個月的書信來往，他們終於見面了。

　　見面的那一天，白朗寧由衷地說：「你真美，比我想像的美多了！」

為什麼同一事物在不同人的眼裏有不同的反應呢？

　　這是由於每個人受限於社會地位、思想修養、文化水準，或者受年齡、性別、教育方式等的影響，對同一事物的反應會有差異。簡單說，這種差異是主觀性造成的。

　　這種個人的主觀性，在時代的變遷上也體現得十分明顯。比如，在唐代以「胖」爲美，就像楊貴妃，《舊唐書》中記載她說：「太真姿質豐豔」，意思是楊貴妃比較豐腴，而現代卻流行骨感美。

　　古代選美女的時候，標準不在臉蛋上，也不是時下流行的三圍，而是一雙蓮足，也就是小腳。看過《水滸傳》的人大概都記得西門慶俯身拾筷的時候，趁機摸了摸潘金蓮腳的這個情節吧。「三寸金蓮」就是古代一個女人最美的地方。

　　羅丹說：「美到處都有，對於我們的眼睛，不是缺少美，而是缺少發現！」

　　參加殘奧會的人都是身體有缺陷的，假設從外表去看的話他們也許給人的第一印象是醜，但當他們站在運動場上，爲自己的夢想努力拼搏的那一刹那，你會發現他們是最美的，他們是世界上最可愛的人。

　　是他們的樣子變了嗎？不，是你的審美觀變了，是你的心態變了。所以，尼采說：「沒有什麼是美的，只有人是美

的——審美判了，所以世界上才有美。」

蘇東坡與佛印的故事也印證了這一點。

蘇東坡曾對佛印批評自己的詩詞而耿耿於懷。

一次，兩個人在一起打坐。

蘇東坡問：「你看到了什麼？」

佛印說：「我看到了佛。」

蘇東坡就想借機羞辱他，就說：「我看到了狗屎。」

蘇東坡心裏很是痛快，回家迫不及待地告訴了妹妹蘇小妹。

妹妹聽了後，卻說：「哥哥你好可憐。因為你心中有什麼，你就會看到什麼。佛印心中有佛，所以眼中看到的就是佛，而你卻看到了一堆狗屎，那你心中又是什麼呢？」

美，是一種選擇，也是一種態度。是美還是醜，很多時候取決於你的心境，而不是事物本身。

人的一生，就像一趟旅行，沿途中有數不盡的坎坷泥濘，但也有看不完的美景。如果我們的心總是被灰暗的風塵所覆蓋，乾涸了心泉、黯淡了目光、失去了生機、喪失了鬥志，那麼我們的人生軌跡豈能美好？

你用灰暗的心去看待生活，生活給予你的就是一連串的失望。如果你浪漫地解釋生活，你就會發現生活其實並沒有把你逼得走投無路，而且還在你身旁佈滿了驚喜。多點自我安慰，少點絕望，這才是我們面對生活可取的態度，這樣我們才可以看到另外一番美麗的風景。

痛苦孕育美麗

在七十二小時頭痛和劇烈頭昏所引起的痛苦中，我卻具有理智上的極端清醒，然後在冷靜的狀態下，我想出了很多東西，可是在我較為健康的時候，反而不夠細密，不夠冷靜來獲得這些東西。　　——《瞧！這個人》

人們避諱痛苦就像避諱瘟疫，卻忘記了痛苦也是天使，能帶給我們非凡的美麗。

極少有哲學家會推崇「痛苦」，而尼采在他的作品中卻不止一次的推崇。

尼采認為凡是謀求自我完善的人，都應該歡迎各式各樣的痛苦。他說，你們不是想消滅痛苦嗎？而我更願加劇痛苦，而且使它達到空前艱巨的程度！

可以說，尼采是一個特別不走運，或者倒楣的哲學家。他一輩子都在貧困、疾病、孤獨、挫折中掙扎。

尼采談過幾次戀愛，都失敗了，終身未婚。事業也不順，在尼采生前清醒時，他的作品銷量大多只銷售幾百冊，從未超過兩千冊。他只能靠微薄的退休金，以及從一位姑母那裏繼承的一點股票維持生存，經常拖欠房租，買不起新衣服，付不起取暖費，連他所喜愛的火腿香腸也吃不起。

從中學起，尼采就染上了各種病痛，晚年更是疾病纏身，半身麻痺，說話困難，不能看書、寫字，聽不了音樂，沒法與人交往。最後在都靈的卡爾洛阿貝爾托廣場，抱著被車夫鞭打的馬，被關進了瘋人院。

但是，很多研究尼采的學者都認為，尼采最後幾個月（以及最後幾年）所寫的文章細膩敏銳，最能成熟表達他的哲學。

學者克勞迪亞・克羅馥認為他最後幾年的著作都看不出

「誇大狂和即將瘋狂的症候」，或是「退化瘋狂的跡象」，反而充滿預言和啓示，有種偉大的風格。

尼采的朋友加斯特去醫院看望他也說：「我看過尼采，在某些狀況下，令我有一個可怕的想法——他是假裝瘋狂的，好像他很高興就這樣結束。很有可能他只能在瘋狂的狀況下才能寫出他的『狄奧尼索斯』哲學。」另一個朋友奧弗貝克也同意這一觀點，他說雖然見過尼采發作過幾次精神疾病，但仍覺得他是假裝發瘋的。

不管他是不是真的瘋了，可以肯定的是，他真算是個倒楣的人，但即便是這樣的條件，他寫下的哲學著作，在廿一世紀的今天仍爲人推崇學習和津津樂道，不能不讓人佩服和深思。

尼采自己說，疾病引起的劇烈痛苦，卻讓他在理智上極端清醒，然後在冷靜的狀態下寫出了很多東西。而在他較爲健康的時候，他卻不夠冷靜。

那麼，我們是不是可以說，正是因爲他遭遇的這一切，才成就了他的偉大？如果他從出生就順風順水，衣食無憂，健健康康，也許就不會有他流傳於世的這些著作。或者這就是他所推崇的悲苦，因爲這些悲苦，激發了他非同尋常的思想。

受惠於痛苦的人絕不止尼采一個人，「小提琴鬼才」帕格尼尼，一輩子也不斷遭受疾病的折磨，卻接連不斷創造出了很多魅力四射、激情絢麗的樂曲。他在手指多處出血，無法控制

的情況下，仍能演奏出「獨弦琴上的奇蹟」。

貝多芬失去了聽覺，在生活和愛情上也屢遭挫折。但痛苦不但沒有嚇倒他，反而成了他獲得強大生命力的磁場。他發誓「要扼住生命的咽喉」。他與命運頑強搏鬥，在樂曲創作上取得了很高的成就。

著名化學家格林尼亞教授的少年時代，由於家境優裕，父母溺愛，沒有理想和志氣，整天四處遊蕩。但不幸的是，他的家庭因破產而變得一貧如洗，昔日的好友紛紛離他而去，連他的女朋友也當眾羞辱他。格林尼亞在痛苦中翻然醒悟，他開始奮發圖強，立志追回被浪費的時間。九年以後，他研製出格氏試劑，獲得諾貝爾化學獎。

還有窮困潦倒卻寫出巨著《紅樓夢》的曹雪芹；遭受宮刑卻寫出壯麗《史記》的司馬遷；臥薪嚐膽，終能「三千越甲可吞吳」的勾踐……

他們把一生遭受的痛苦都轉化成了一枝枝驚豔的玫瑰，散發出濃郁的香氣。

著名法國文學家巴爾扎克說過：「痛苦對於庸人是一塊絆腳石，對於天才卻是一塊墊腳石。」

沒有痛苦的洗禮，生命是多麼單薄和脆弱；缺少痛苦的浸潤，人生是多麼蒼白和膚淺。

真正的痛苦可以讓人冷靜、催人快速成熟。相對於快樂來

說，痛苦是一股無窮的力量，更能激發出人的潛能，推動我們不斷往前進。

如果快樂像天使，痛苦就是穿了魔鬼衣服的天使。只有正視他，才能看到他美麗的本質，收到他帶給我們的財富。

正如尼采在《**悲劇的誕生**》中所描述的：

「我們應當認識到，存在的一切都必須準備著異常痛苦的衰亡，我們被迫正視個體生存的恐怖——但終究用不著嚇癱，一種形而上的慰藉使我們暫時逃脫世態變遷的紛擾。我們在短促的瞬間真的成為原始生靈本身，感覺到它的不可遏止的生存欲望和生存快樂。」

在痛苦降臨我們身上的時候，不妨把痛苦看作是一種幸運或是一種眷顧。

第二章
孤獨，是因為站在高處

我需要孤獨，就是說，
我需要恢復到本來面目回到我自己，
呼吸自由、清新而令人興奮的空氣⋯⋯

——《瞧！這個人》——

孤獨是要你學會和自己相處

> 你們說，你們相信查拉圖斯特拉嗎？但是查拉圖斯特拉有何重要呢？你們是我的信仰者。但是所有的信仰者又有何重要呢？
>
> 你們還沒有尋到你們自己：但你們發現我。所有的信仰者都是如此；所以，一切信仰者都是微不足道的。
>
> ——《瞧！這個人》

尼采在**《瞧！這個人》**中稱自己有嚴重的潔癖，清潔是他的第一生存條件。在不清潔的環境中他會死。他說：這就是為什麼我不能忍受社交的緣故。

尼采說：「對人類的厭惡，對賤民的厭惡」，總是他最大的危險。

大多數人都比尼采圓滑，即便是對不喜歡的人，也不會在

臉上露出厭惡的神態。但是，如果長時期的保持與自己不喜歡的交往狀態，會給心靈帶來巨大的壓力，即深深的孤獨感。也有一些人本身就不愛熱鬧，喜歡獨處，這種性格的人如果不懂得和自己相處，就會變得自卑、孤僻。

不過，無論是有朋友的孤獨，還是沒有人陪伴的孤獨，全都不是壞事，這都是要你能學會和自己相處，尋找和自己相處時的快樂。

《查拉圖斯特拉如是說》 中的主人公查拉圖斯特拉，在擺脫這種厭惡感的時候說：「我的厭惡感幫我創造了雙翅和預見源泉的力量。說真的，我要飛到最高的峰上，去發現快樂之泉！」「啊！我的兄弟們，我發現了它，在最高的峰上，為我奔騰的快樂之泉。這裏有一種生命，在這生命的海洋上，沒有賤民與我同飲！」

尼采自稱這本《查拉圖斯特拉如是說》是「曠古的最孤獨之歌」，其中查拉圖斯特拉說的何嘗不是尼采自己的心聲。

但是，生活中，很多人都害怕孤獨。有時候，一個人蹲坐在角落裏，想著曾經，想著現在，感到無助、迷茫和傷心欲絕，情緒一觸即發，一發不可收拾，所有的壞情緒都在包籠著我們，甚至開始有些絕望，流淚。

科技如此迅猛地更新，我們的身邊也離不開各種科技設備，相較以前沒有手機、電腦的日子，這些高科技產品填補了

原來的無聊、空虛、發呆的時間，甚至有時過多地佔用了我們學習、工作和休息的時間。網上廿四小時，永遠有人在，每一秒都在結識著陌生人，可以隨心所欲地和陌生人傾訴煩惱，可以隱姓埋名地發洩心情，可以不用千里迢迢就和遠方的朋友「見面」聊天⋯⋯

但是為什麼在這麼熱鬧喧囂的世界中，我們卻感覺越來越孤獨了？忍不住的掏出手機看有沒有短信和未接來電，坐在電腦面前不知道幹什麼，不住地刷新頁面看看好友有沒有更新狀態，時不時地打開郵箱看看有沒有新的郵件。就算是一群年輕人在飯桌上，也是不斷地滑著手機不放。但我們為什麼會越來越孤獨呢？

這種失落的情緒伴隨著成長越來越強烈，「逃離孤獨！」是腦子裏唯一的念頭，因為害怕獨處，所以不管任何時候，哪怕是吃飯上廁所，總要拉著一個人陪自己，有什麼活動一定積極參加，非要玩到筋疲力盡才肯罷休，回到家倒頭就睡，不給自己任何獨處的時間。

你該停下來問問自己：我是不是很久沒有和自己獨處了？我上次獨處是多久之前的事？當我們獨處的時間越來越少，我們就越容易迷失自己，所以我們需要孤獨，只有自己。

即使再熱鬧的人生，我們也必須騰出時間讓自己積澱、沉靜，留份孤獨給自己，留點時間和自己相處，因為它給了我們

繁忙生活中一份難得的閒暇，給了我們浮躁心靈一份真摯的沉澱，也給了我們忙碌的心靈一次反省的機會。不要懼怕自我拷問，不要害怕面對自己。

孤獨不僅僅是一種狀態，更是一種能力，它會引發憂鬱症，也可以治癒自己的傷口。不可避免的孤獨來襲時，就勇敢地面對它。人的靈魂需要孤獨陪伴，那麼，我們就不應該拒絕獨處、逃避孤獨，放開所有的負面情緒，擁抱著孤獨的自己，跟其耳語一番有何不可？

享受孤獨

我需要孤獨，就是說，我需要恢復到本來面目回到我自己，呼吸自由、清新而令人興奮的空氣……

——《瞧！這個人》

孤獨這個字眼，似乎給人更多的是悲戚感。

孤獨是一件可怕的事情，會滋生蔓延著一個人全身心靈的恐懼，我們懼怕孤獨，希望聽到聲響、看到人群、呼吸到稠密的空氣。

雖然尼采並非是一個生性孤僻的人，但成年累月的孤獨，也不是什麼舒服的事。他曾在孤寂中發出悲嘆「現在再沒有人愛我了，我如何還能愛這生命！」、「如今我孤單極了，不可思議地孤單……」在給妹妹寫的信中，他說：「寂寞的人想要擁抱隨便哪個人。」

害怕、排斥孤獨的尼采，一方面又嚮往孤獨，需要孤獨。因此他說，「我需要孤獨，就是說，我需要恢復到本來面目回到我自己，呼吸自由、清新而令人興奮的空氣……」

尼采的一生都在孤獨中度過。

其實尼采的朋友很多，包括：弗羅琳‧馮‧梅森伯格、弗蘭茲‧歐維貝克、查理‧瓦格納和保爾‧李……等等，他們常常通過通信或會面的形式溝通，只要尼采樂意，大概他們會一直這樣下去。

但是尼采對於哲學的追求，使他更傾向於獨處和獨立思考。也正是因為這樣，他在哲學領域的成就都是在孤獨中訓練自己，對於孤獨所造成的憂鬱，只能靠寫作加深或減少那份孤獨的痛苦。

在他給好友彼得‧加斯特的信中寫道：

「回來吧！我的朋友！回到孤獨中來，我們倆知道怎樣在孤獨中生活，也只有我和你知道。」

尼采渴望獨處，並且誓死捍衛自己的孤獨。

在好友保爾‧李提出要來恩加丁和他談論《朝霞》的時候，被尼采間接謝絕，他說：

「這是一件多麼可怕的事情啊！在我思如泉湧的時候，有人要來這打斷我。假使我不能很好地維護自己的孤獨，那麼我將選擇離開，離開歐洲，而且許多年不會回來。我根本就沒有多餘的時間去浪費，我發誓！」

徹底的孤獨會令人矛盾，後來尼采對孤獨產生了懼怕。

在他的妹妹離開歐洲以後，尼采開始不斷地給妹妹寫信，信裏是千篇一律的孤獨：

「當我有太多太多的話要說的時候，被迫保持沉默是多麼可怕的事情！難道我生來就是為了品味孤獨？難道我永遠找不到一個理解我的人嗎？無法交流事實上才是最可怕的孤獨，它意味著與世隔絕，意味著戴上一張比任何黃銅面具更堅固的面具──完美的友誼只可能存在於意氣相投中。」

在尼采哲學生涯的前半部分裡，他是很享受孤獨的。尼采在自己的世界裏構築成了自成體系的尼采哲學，他享受並創造著孤獨。

但是尼采的孤獨只是生活的一小部分，他沒有意識到，他將所有的孤獨統統填進自己的生活中，所以到了後期他開始又愛又恨所謂的孤獨。

　　我們不會長期保持一種與世隔絕孤獨的狀態，但是需要用孤獨來調劑生活，享受孤獨是漫漫人生行路中的一種自我休憩，用來思考、放空和無所事事或研究。

　　但是獨處並不等於或者不完全等於孤獨。

　　獨處是一個環境事實，而孤獨是一種思維事實。每個人都需要自己的空間，用來獨處不被打擾，因此，即使是我們的家人、愛人、朋友，也會有聚散離合的時候，這個時候就要學會用孤獨來修煉自己，來反省自己。

　　學會享受孤獨的人，就會發現孤獨之喜。當尼采認清楚孤獨乃是真正的思想家的命運時，他就甘於孤獨，並且愛自己的命運了。

留一點空間給自己

人與人之間是應當保持一定距離的,這是每個人「自我」的必要的生存空間。一個缺乏「自我」的人,往往不懂得尊重別人的「自我」需要生存空間。你剛好要獨自體驗和思索一下你的痛苦,你的門敲響了,那班同情者絡繹不絕的到來,把你連同你的痛苦淹沒在同情的吵鬧聲之中!

——尼采

　　愛情中,很多時候,導致分手的原因並不是不想愛,而是沒有了距離。親密的愛人之間也需要呼吸,這是每個「自我」的獨立空間。而人與人之間需要保持的距離遠近,只能靠自己的感覺來定,原則是讓自己愉快,別人輕鬆。

　　在親人之間,距離是尊重和愛;愛人之間,距離是美麗和和諧;朋友之間,距離是愛護和懂得;同事之間,距離是友

好；陌生人之間，距離是禮貌。

感情的呼吸就像兩車之間的安全距離，代表著緩衝，可以隨時調整自己的速度和心情。生活的空間，就要學會給自己留白，給心靈思考的餘地。

很多人都沒有安全感，又不懂得自己給予自己安全感，所以就會非常的戀家或者黏人，這種感覺令人窒息，甚至生厭。不懂得保持距離，也不管對象是誰，就開始靠近縮減雙方距離，顯然是不理智的。

關於感情，女性往往是脆弱而沒有安全感的。她們時時黏著男性，令男性不能忍受。保持適當的距離才是我們表達愛的最佳方式，畢竟愛不是枷鎖，更不是用來探索別人私人空間的藉口和手段，人與人之間要用愛來溝通，但是千萬別拿愛當作藉口。

人都需要有一個自我空間用來享受的，在這個空間裏，沒有親人、好友、愛人，只有我們自己，試著去完全地放空自己，讓身體跟著心的指揮，隨心所欲。

世界這麼大，你的世界也那麼大，不要吝嗇，給自己一點私人空間，那一點點的時間空間裏不必跟任何人靠太近，不必離太遠，只有一個轉身的距離。

有了獨處的空間，你才會活得更真實、自在，才能更好的處理與對方的關係。

君子慎獨，
不做違背內心的事

不要抗拒「惡」……但是，如果我們不相信善與惡，
那麼這句格言又該怎麼寫呢？ ——《權力意志》

　　從小我們所受到的教育，就在我們的內心埋下了善惡的標準，但重要的不是我們心裏有善惡，而是在我們的行為中能夠遵守內心的標準，不做違反善的行為，尤其是在沒有別人監督的情況下。

　　尼采說：「如果我們在一個人獨處時不能像在大庭廣眾之下時那樣尊重別人的榮譽，那我們就算不上正人君子。」

　　「慎獨」這個詞出自《禮記·中庸》：「君子戒慎乎其所不睹，恐懼乎其所不聞。莫見乎隱，莫顯乎微，故君子慎其獨

也。」它的意思是說，在最隱蔽的時候，最能看出一個人的品性、德性，在最微小地方最能顯示人的靈魂，一個真君子，即使在沒人的時候也不會顯現出一點不好的言行，而是像在人前一樣。

楊震是東漢時期的名臣，一次因公出差途經過昌邑之地，曾經受到楊震提拔的昌邑縣令王密在夜深人靜的時候敲開他的房門，獻出十兩黃金以表達自己對他的感激。

楊震拒絕了王密，王密對楊震說：「半夜三更沒有人知道，您就收下吧！這是我的一點心意。」

楊震義正言辭地回答：「天知，地知，你知，我知，誰說沒人知道！」

於是，他態度絕決地把黃金退給了王密。

元代大學者許衡也有過類似經歷。

一日，許衡與人結伴外出，天氣卻十分炎熱，一行人口渴難耐。

在經過一棵掛滿成熟果實的梨樹時，他人紛紛跑到樹下摘梨解渴，只有許衡站在那裏一動不動。

有人問許衡：「你為什麼不摘梨，難道你不渴嗎？」

　　許衡回答說：「這不是我的梨，怎麼可以隨便亂摘呢？」

　　大家譏笑他迂腐，說：「世道這麼亂，誰還管這棵樹是誰的呢！」

　　許衡卻不以為然，他說：「世道亂，而我的心不亂，梨雖無主，可我心有主。」

　　君子慎獨，話雖這麼說，但是慎獨不該只是先哲和聖賢們的追求，每個人都應該努力去踐行之。無論何時何地，何種處境，都時時刻刻注意自己的言行。

　　慎獨是社會生活的淨化器。

　　一旦離開了別人的眼睛，個人的私欲便成為至高無上的追求，降低自己的道德標準來快活自己的時候，你已經在悄悄地腐敗。即使再華麗的外表，也掩不住真實的自己。

　　慎獨來自於不斷的反省自己，它可以使你的內心不斷的清朗透澈，可以讓你的人格越發的堅韌。

　　慎獨還是一面盾牌，它可以使你抵禦來自各方面的不良誘惑，可以使你踏實做事，坦蕩為人，使得我們這個社會更加的文明有序，相處和諧。

　　有些人，平時看起來中規中矩，但一遇到事情，他的本

性就暴露無遺。著名的漫畫家豐子愷先生畫過一幅非常能體現「慎獨」題材的漫畫，畫上的題詞是「無人之處」。

畫上的那個人在有人的時候，總是戴著一個面具，笑容禮貌客氣，但是沒有人的時候，他就摘下了面具，面目猙獰，令人作嘔。

這就是僞君子、小人，當面一套，背後一套，表裏不一，真正的君子和此類人的區別是：真君子任何時候都是一個樣，不會因爲有人或沒有人而改變自己的言行。

慎獨是一個人內在品質的試金石，也是人生正己修身的必修課。

生活在這喧囂的浮世中，有時會使我們不得不高貴矜持起來。但是慎獨卻可以鍛煉我們，提醒自己不可失了分寸，不能沒了尺度，久而久之就會成爲一種習慣。

慎獨是一種寶貴的品德，它如空谷幽蘭，雖不在人們的視野範圍之內，但會使你在高山峽谷中也能堅守自己的本分，保持自己的操守，守著天地，逕自綻放，靜默飄香。

朋友不能幫你驅逐孤獨，
你必須靠自己

我們總是想要許許多多的朋友，剛剛認識，就迫不及待認定對方是自己的朋友了。

不與朋友在一起，就變得忐忑不安，這說明你正處於危險的狀態。

害怕孤獨，才會索求朋友，希望和他人在一起。渴望從別人身上得到所謂的安全感。為什麼會這樣，因為你無法愛自己。

然而，即便你擁有再多的朋友，也無法真正幫你趕走孤獨，撫平你內心孤獨的傷口，也無法使你真正愛自己，你只是在自欺欺人罷了。

要真正愛自己，依靠自己的力量，埋頭於某件事中，靠自己的雙腳，朝著高處的目標行進。雖然會有痛苦，但那是心靈成長的痛。　　——《查拉圖斯特拉如是說》

尼采在《查拉圖斯特拉如是說》中寫道：

「孤獨是對別人的一種饑渴。你想念著別人，但還不夠——你是空虛的。因此，每個人都想在人群中，給自己編織各種人際關係，只是為了欺騙自己、忘記自己是孤獨的，但是孤獨會一再冒出來，沒有一種人際關係能夠隱藏它。」

他還寫道：「孤獨是一種正面的感覺，那是感覺到你自己的本質，那是感覺到你對你自己來說是足夠的——你不需要任何人。」身邊多一些朋友，也許可以讓你遠離形單影隻，卻難以消除你內心的孤獨感。就像金錢可以幫你打發空虛，卻無力填充你的孤獨。

尼采認為，在人群中比獨自一人更加孤獨。

的確，有時候一大幫人在一起打打鬧鬧，孤獨的感覺卻比一個人的時候還要強烈。因為你與周圍的人格格不入，無法進入那種熱烈的氣氛裏面，在這種熱烈氣氛的映襯下，覺得自己更加孤獨，而一個人的時候，海闊天空的遐想，反而沒怎麼覺得孤獨。

可見，呼朋喚友，置身於喧囂的人群裡，並不是驅除孤獨的方法。

唯一能驅除孤獨的方法，是尼采所說的「真正愛自己，依靠自己的力量」。

我們只有憑藉體內自有的韌性和生命力去戰勝經常駕臨的

孤獨感。能和自己做朋友，這才是自由的勝利。

這個朋友永遠在你身邊，無論你落魄，發達，還是開心，難過，他都在你身邊，鞭策你、激勵你、安慰你。

有人曾問斯多葛學派的創始人芝諾：「誰是你的朋友？」

他說：「另一個自我。」

人生在世，不能沒有朋友。但在所有的朋友中，我們最不能忽略的一個朋友就是自己。

尼采在**《查拉圖斯特拉如是說》**中說：

「你在內心深處很清楚知道，即使你身在人群之中，你也是跟一群陌生人在一起。對你自己來說，你也是個陌生人。」如果你和自己都是陌生人，即使朋友遍天下，也只是熱鬧而已，你的內心仍然是孤獨的。

能不能和自己做朋友，關鍵在於你有沒有芝諾所說的「另一個自我」。這另一個自我，實際上就是一個更高的自我，同等重要的是你對這個自我的態度。

有些人不愛自己，常常自怨自嘆，如同自己的仇人；有的人愛自己而缺乏理性，過分自戀，如同自己的情人。在這兩種情況下，另一個自我都是缺席的。

成為自己的朋友，這是人生很高的成就。古羅馬哲人塞涅卡說，這樣的人一定是全人類的朋友。法國作家蒙田說，這比攻城治國更了不起。

和自己做朋友，就要真正愛自己。

法國某雜誌曾經做過一項調查——「假如我們對你的戀人或丈夫做一次採訪，那你最想從他們的嘴裏知道些什麼？」被調查者都不約而同地回答：「他還愛我嗎？」

他還愛我！這就是多數人想從戀人那裏得到的答案，其中女性占多數。

而我們想問的問題卻是：「你還愛自己麼？」

也許你會說，誰不愛自己呢？是的，沒有誰不愛自己，但真正是不是、會不會愛自己，卻是一個問題。比如說，你每天為自己真正預留了多少專屬自己的時光，沒有動機，沒有功利，沒有交換，只是讓自己充分自在地舒展開來，感受著自己，感知到自己，然後才知道，如何才是真正愛自己。

在更多的時間裏，你恐怕都忙於應付各種需要了：為家庭，為工作，為孩子……即使在一人獨處不需要應酬誰時，你是不是也常會忘記要應酬自己，而依然在行為上或者腦子裏慣性地應酬著這個或那個？或者自覺在鞭策自己去充電？

這些都不是真正愛自己的表現，都不能真正地滋養自己。愛自己，不是以物質賄賂自己——一擲千金並不見得是犒賞了自己；不是拿成就激勵自己——成功也不見得能餵飽你；當然更不是以別人的眼光或者標準苛求自己，別人都滿意了你卻不一定能夠滿意。

愛自己就是要對自己的欣賞和喜歡，因爲在這個世界上，你是獨一無二的，你就是這個世界裡的唯一。愛自己，並不是盲目自戀，而是能夠認識到自己的缺點和優點，能坦然地接受自己的一切。

真心愛自己的女人，懂得快樂的秘密不在於獲得更多，而是珍惜所擁有的一切。你會覺得自己是那樣地受上天的恩寵，是那樣幸福地生活在這個世界。這是一份難得的樂觀心境，更是快樂的始點。具有這樣的心境的女人，無論是對生活、環境，還是對周圍的親人、朋友，都會自然流露出一股喜悅之情，感動自己，影響他人。

如果你懂得愛自己，善待自己，別人就容易看到你的魅力，會稱讚你。你會從這些讚揚中得到更多的自信，你也就會活得越發光彩，永遠保持對生活的熱情，這是個良性循環圈。

愛自己，和另一個自我做朋友，你才能真正遠離孤獨。當然，這決不是推崇我們去壘一道牆，躲在裏面，拒絕關心與問候，而是要你學會和內心的另一個自我相處。這樣，你就能成長爲獨立的一棵大樹，而不是纏繞在別人身上依賴別人營養的藤蔓。大樹的枝椏可以在空中恣意搖曳、伸展，沒有固定的姿態，卻有一種從容，一種得心應手的自信。

朋友能幫你排解苦悶，卻沒法驅趕你的孤獨。你必須靠你自己，握著自己的手，自己溫暖自己。

不被理解，
那是因為你比他們站得高

想的比別人多，思維比別人寬泛的人不適合加入組織和派系，因為這類人會在不知不覺中超出組織或派系的利害，在更廣闊的範圍進行思考。

如果你的思維與組織派系格格不入，不用擔心，也不要懷疑自己不正常。那是因為你的思維已經超越了組織的狹小空間，到達了更廣闊的空間。

——《人性的，太人性的》

　　尼采說：「人與人之間的巨大差距迫使我孤獨。」但他又不肯降格以求，寧願到沙漠裏與猛獸一起忍受饑渴，也不願意與骯髒的趕駱駝的人一起坐在水槽邊。

　　也正因為尼采不肯、不願屈從於俗世，才有了他在哲學上

的成就。

這不禁讓人想起羅丹的雕塑《沉思者》。

雕塑《沉思者》是羅丹在設計《地獄之門》銅飾浮雕的總體構圖時，花了很大的心血所塑造的形象。一開始，羅丹給這尊雕塑命名爲《詩人》，象徵著但丁對地獄中種種罪惡幽靈的思考。

這尊雕塑的軀體極具生命感，那緊皺的眉頭，托腮的手臂，低俯的軀幹，彎曲的小腿和痙攣般彎曲的腳趾，整個人體都在極爲痛苦狀的思考中劇烈地收縮和聚攏。

這個巨人默默的看著下面發生的悲劇，他因感受痛苦而表現出的生命張力，不僅展示了人體的剛健之美，也同時蘊藏著永恆的精神。

有人說，凡思想者皆是孤獨的。

一個人如果擁有與人格格不入的思想，那註定是一件令人痛苦的事，勢必會遭遇冷漠、誤解甚至嘲弄。公眾的愚弱、冷漠、麻木與陰冷註定使思想者必須付出代價，除非你繳械投降主動放棄思考，這就是凡人的共同特點，他們最害怕的就是被孤立，不被理解。

卡里和斯泰因曾經打賭。

卡里說：「我如果送給你一個鳥籠，並且掛在你的房

中最顯眼的地方，那麼我保證你一定會買一隻鳥回來。」

斯泰因笑了起來，說：「養鳥是多麻煩的事情啊，我相信我不會去做這樣的傻事的。」

於是，卡里就去買了一個鳥籠，並且是一個非常漂亮的鳥籠，讓斯泰因掛在自己房中最顯眼的地方。

就有人忍不住問他：「斯泰因，你的鳥什麼時候死的，為什麼死了啊？」

斯泰因回答道：「我從來沒有養過鳥。」

「那麼，你要一個鳥籠幹什麼啊？況且是如此漂亮的鳥籠。」

人們奇怪地看著他，就好像斯泰因有什麼問題似的，看得斯泰因自己都覺得自己好像有什麼問題了。

就這樣，來一個人這麼說，再來一個人還這麼說，斯泰因終於屈服了。

終於，斯泰因最後還是去買了一隻鳥，把牠放在那個漂亮的鳥籠裏，因為他知道，這樣比無休止地向大家解釋要簡單得多。

就像所有的帆船都在順流而下，而你如果選擇逆流而上，面臨的考驗不只是風向，還有可怕的人言。

一旦你的意志不夠堅定，就很容易被這股來自世俗的力量引入歧途，與成功擦肩而過。

如果你不準備向世俗繳械投降，那就別太在意孤獨，更別太看重別人給你的種種非議。因為「我們飛得越高，我們在那些不能飛翔的人眼中的形象越是渺小。」尼采的這句話真是經典。

布魯諾因為宣傳哥白尼的「日心說」，反對托勒密的「地心說」，被羅馬教廷活活燒死。當時，廣場群情激憤，齊聲高呼：「燒死他！燒死他！」

伽利略和布魯諾是同時代的人，他也通過自己的觀測和研究，逐漸認識到哥白尼的學說是正確的。於是，伽利略不僅發表了批駁托勒密的論文，還通過書信毫不掩飾地支持哥白尼的學說。

但是，羅馬教廷是決不會放過伽利略的，他們先是對伽利略發出措辭嚴厲的警告，繼而把他召到羅馬進行審訊。在羅馬教會的威脅下，伽利略被迫作了放棄哥白尼學說的聲明，但他並沒有真的放棄哥白尼學說。

後來伽利略又出版著作批判了托勒密的錯誤理論，羅馬宗教裁判所傳令他到羅馬受訓。當時的伽利略已經六十九歲，疾病纏身的他一到羅馬就失去了自由。那些充滿殺機的教會法官們，用火刑威脅伽利略放棄自己的信仰，否則他們就要對他處

以極刑。

　　年邁多病的伽利略絕望了。一六四二年，為科學、為真理奮鬥一生的戰士、科學巨人——伽利略離開了人世。在他離開人世的前夕，還一直重複著這樣一句話：「追求科學需要特殊的勇氣。」

　　就像伽利略說的「追求科學真理需要勇氣」。一個有所成就的人，不僅會被拋在孤獨的可怕境地，而且還會遭受各種迫害。所以，孤獨的思想者是悲哀的，愚昧的強大的力量總是對那些孤獨的思想者進行近乎殘暴的摧殘，以及讓其受到摧殘的麻木。

　　但是，事實也證明這些人大都是先悟者，把我們的愚蠢一語道破。孤獨者的深刻照見了反對他的人的平庸。

　　孤獨的思想者也是凡胎肉體，他們要想帶著自己的思維生存下去，就需要比平庸者付出更多的堅韌和痛苦。更多的思想者只留下思想的光輝，而沒能拯救自己。

　　總有那麼一些人，不害怕孤獨，不流於世俗，義無反顧地在重重阻礙中堅守自己的思想，做自己喜歡的事。他們為了科學真理、為了靈魂的自由，為了人格的獨立，放棄了塵世的利祿與功利，甚至放棄了生命。

　　但人類要進步，科學要發展，是離不開思想者的，他們的孤獨也是註定的。

正如尼采所說：「此人往高處走──他應受稱讚！那人總是從高處降臨，他活著，自動捨棄讚美，他是從高處來的人！」

　　尼采的學說一直被人誤解、誤聽、誹謗、置若罔聞，所幸在他瀕臨崩潰的邊緣時，終於被世界發現。

第三章
勇敢地成爲你自己

現在，我要命令你們丟開我去尋找你們自己
只有當你們都排拒我時，
我才會回到你們中來。

——《瞧！這個人》——

迷失了的「自我」

有多少人知道觀察！而在少數知道的人中間，有多少人知道觀察自己！每個人距自己是最遠者──凡深入檢討者都不快地發現這一點；而「認識你自己」這句格言從一位神的口中說與人類，近乎是一句惡言了。

——《尼采全集》

　　英國心理學家薩蓋用一項實驗證明：戴一塊手錶的人知道準確的時間，戴兩塊手錶的人便不敢確定幾點了。這就是選擇性迷失。

　　我們在這個社會，從出生開始，獨立的思想日益壯大，但是擇校、考試、升學、選專業、就業，有多少真實自我意識在裏面呢？

　　父母一手鋪好的路讓我們幾乎沒有困難地走過人生二十餘

載，但是面臨人生選擇關頭，很多人迷失了。

站在十字路口中間，無措而彷徨，因為我們不知道自己想要什麼，不知道自己適合什麼工作，喜歡什麼工作，換而言之，我們根本就不認識自己！

美國有一句諺語說得好：「當一個人知道自己想要什麼時，整個世界將為之讓路。」你想要什麼？這句話你認真問過自己嗎？你想過什麼樣的生活？要在哪裡生活？想娶什麼樣的女人？想嫁給什麼樣的男人？想從事什麼職業？擁有什麼樣的狀態？

很多人連想也不想就這樣回答：好的，我都想要。

想要花不完的錢，不用朝九晚五上班，有一個漂亮賢慧的妻子或者英俊事業有成的丈夫，寬敞的房子和豪華的車子。聽起來不錯，但是在這些選擇面前，你早已經被世界同化了，丟了自己。

人生最重要的一點，就是永遠不要迷失自我。

每當我們面臨選擇的時候，是不是會因為選擇多樣化而迷失自己？會不會左右搖擺舉棋不定？做了選擇之後去實行的時候，會不會因為一些利益誘惑而忘記初衷，改變方向呢？

有一位老人得了一種怪病，屋前一座大山的山澗之中長了一種能治癒他的疾病的植物。

老人有三個兒子，他打算讓兒子們幫自己去採藥治病。他又聽說那個山澗之中有許多的美玉，正好借此機會考驗自己的孩子會不會因為美玉的誘惑而忘記了自己本來的目的。

所以老人把自己的兒子召來床前，告訴他們，讓他們分別去山澗採藥，然而，他並沒有告訴兒子美玉的事情。

第一天去的是老大，老大一走進山澗就被美玉迷住了，他放下採藥的背簍撿起美玉愛不釋手，不遠處那株可以治癒老人怪病的草藥就在對他招手，可是老大只顧著喜出望外，對草藥視而不見，早就將採藥的事情丟在了腦後。他帶著美玉回去見父親，老人感到非常失望，但是還是表揚了老大，並叮囑老大不要將美玉的事情告訴兩個弟弟。

第二天老二信心滿滿地去了，但是同樣的，到了山澗，他就忘記了自己此行的目的，對美玉流連忘返，背了滿滿一籮筐美玉回去，根本就不記得老人的囑託了。

令人失望的是，老三也是如此，他們都帶回了對老人的病毫無作用的美玉。

此時老人的病加重了，兒子們這才感到惶恐。

老人再次把他們召到床前，將他們撿來的美玉攤在他們面前，兒子們這才恍然大悟，懊惱不已，明白了父親的死是因為自己的貪念。

老人語重心長地說：「孩子們，你們都還年輕，要走的路還有很長，年輕人要實現的願望也有很多，在這過程中，如果因為一些利誘而忘記最初的夢想迷失了自己，你們的人生怎麼能有所成就呢？」

老父親的話令三個兒子傷心落淚，也用自己的健康為自己的孩子上了人生最重要的一堂課。

我們所扮演的角色就好像這三個兒子。也許我們的學業成績很好，但是畢業了卻不知道何去何從。有人就說了：一個人假如活到十八歲還不知道自己想要的是什麼，那真是教育的最大失敗。

那麼現在呢？你做的工作是否是自己喜歡的？你所做的每件事是不是都是你想做的？你知不知道你想要的生活是什麼樣子的？認識自己固然艱難漫長，但是這一生最偉大壯麗而不能停歇的時候，就是對自己做功吧，積極地做功，少做無用功。

每做一件事就會發現一個未知的自己，慢慢地在前進的過程中摸索自己，做一個頭腦清晰，瞭解自己，不被別人左右的人，這樣才能果敢地走在那條屬於自己的星光大道上。

高貴的靈魂，自己尊敬自己

> 聽著，我是這樣一個人，請看在老天爺的份上，不要把我與其他任何人混在一起。 ——《瞧！這個人》

尼采說：「高貴的靈魂擁有的是某種對自身的根本肯定，這是一種不能被追求，不能被發現，或許也丟不掉的一種東西。高貴的靈魂，乃自己尊敬自己。」

但我們常常難以超脫出別人的言論，不管做什麼事，都或多或少地出於一種希望被認可被尊敬的角度，以此得到一種強烈的存在感，人人都會因此欣喜而享受。但是如何滿足這種欲望呢？這種欲望的終點在哪裡呢？欲望的特徵就是永無止境地渴求，一個人一生不會一直在滿足自己的欲望。能達到的和不能達到的，以及要付出的代價等等都不計較，只為滿足自己，

這樣的人不會快樂，不會滿足更不會享受，即使他擁有了所要的一切，人們只會仰視他，但是並不會真正地尊敬他，因為他的存在已經超出了一個正常人類的範圍，會被人們列為神話或者怪物。

尼采在**《善惡的彼岸》**中寫道：「高貴型的人把自己視作價值的決定者，因此不需要別人的認可。」

不要為了被肯定就選擇錯誤的途徑去實現自己的價值，獨善其身永遠是最好的方式。高貴的靈魂不是被他人膜拜出來的，而是靠自身思想的覺悟和心靈的滿足得到昇華。

《大學》中寫：「古之欲明明德於天下者，先治其國。欲治其國者，先齊其家。欲齊其家者，先修其身。欲修其身者，先正其心。欲正其心者，先誠其意。欲誠其意者，先致其知。致知在格物。物格而後知至，知至而後意誠，意誠而後心正，心正而後身修，身修而後家齊，家齊而後國治，國治而後天下平。自天子以至於庶人，壹是皆以修身為本，其本亂而末治者否矣。其所厚者薄，而其所薄者厚，未之有也。此謂知本，此謂知之至也。」

想要得到別人的尊敬，就先自己尊敬自己。這裏有六點需要注意：一，將自己的言行合理化，體會到存在即合理。只有讓自己合理了，很多事情才會變得理所當然。二，對自己的未來負責，別輕易許諾。值得被自己和別人尊敬的人，不是君子

也不是小人，而是一個凡人，不失信不狂妄，清楚地知道自己的責任和失信的後果。三，將過去的失敗或者成功視爲經驗財富，不是輝煌過去更不是人生敗筆，客觀地看待它，從裏面汲取對自己有益的教訓。四，意識到自己可能存在謬誤，儘量讓自己的預想貼合現實，學會反省。孔子言：吾日三省吾身。對自己不可過分放鬆。五，辯證地看待事物，學會積澱。六，此時就要尊重自己，內在的尊重，在言行上或許出於目的會有妥協，然而內心決不向任何存在低頭。

當你感到內心滿足，覺得富足知足的時候，你就是一個值得大家所尊重的人，更是一個對自己非常尊敬的人。當然了，一個人只有在尊重自己時才能肯定自身存在的價值，才能肯定自己的情感、自己的付出與所得，這樣也才能成爲一個真正的自己。

永遠不要將自己的精神寄託放在別人的身上，對於每個人而言，不會有比自己更重要的存在了，那麼就要學會在精神層面自給自足，不去討好式的滿足別人的想法，委屈自身去得到那些所謂的讚美、肯定和尊敬，那樣的話你一定會很累的。

真正高貴的靈魂，看得起自己，不看輕他人。無論何時不摒棄自己，不鄙視他人，不看低自己。這些都是自我昇華後應得的心靈財富。

要做真實的自己

> 現在，我要命令你們丟開我去尋找你們自己；只有當
> 你們都排拒我時，我才會回到你們中來。
>
> ──《瞧！這個人》

　　尼采說：「成為你自己！你現在所做的一切，所想的一切
所追求的一切，都不是你自己。」

　　當代著名學者周國平在《尼采在世紀的轉捩點上》舉了這
樣的例子：

　　有這樣兩個人。一個人靠哲學謀生，掛著教授的頭銜，高
踞哲學的講壇，讀書破萬卷，有著高深的學問。另外一個人，
只能算是個流浪漢，至多讀過幾本哲學的書，和前者是不能比
的，但他天性敏感，熱愛人生，總是情不自禁地思考一些人生

的根本問題，求索著人生的真諦。如果不這樣做，他真的生不如死。

問你，誰是哲學家。

尼采的答案是後者。在《尼采全集》中，有這樣的話：「一個人要配得上哲學家的稱號，不僅必須是一個哲學家，還必須是一個真實的人。」

一個真實的人，聽起來很容易，但做起來卻不是那麼簡單。生活，經常迫使我們放棄自己。

比如，你陪客戶吃魚，你明明很討厭海鮮，但是因為客戶很喜歡吃魚，你不僅不能做出厭惡的樣子，還要表現得很喜歡，很享受般。

而真實，有時候又像沒有包裝過的禮物，看起來也許不那麼舒服。

更多的時候，真實讓你與別人格格不入，如果你顧忌別人的眼光，就意味著放棄真實的自己。

尼采在**《查拉圖斯特拉如是說》**中寫道：「這是真的，我離開了學者們的研究室，並且砰然關上了我後面的門。」

「我饑餓的靈魂坐在他們的桌子前，我不像他們那樣習慣去砸開堅硬的外殼，去剝取知識。」

我們多數人沒有尼采的魄力和果斷，生活中，我們既渴望做自己，希望充分發揮自己的個性，同時又渴望得到別人的認

可，會不自覺地流露出期望他人認可的心理暗示。這似乎看來有些兩難，在自我和他我之間進退不得，為難自己。

尼采強調天才在文化創造上的決定作用，同時也確認，人與人之間在自我的唯一性、獨特性價值上是平等的。尼采一再指出：「每個人都是一個一次性的奇蹟」，「每個人只要嚴格地貫徹他的唯一性，他就是美而可觀的，就像大自然的每個作品一樣新奇而令人難以置信，絕對不會使人厭倦。」

「每個人在自身中都載負著一種具有創造力的獨特性，以作為他的生存的核心。」由此引發出尼采想要表達的核心：珍惜這個獨特的你，並且發揮出自己的生存價值。

可能我們的人生都會繞個大圈回來後才會珍惜自己，珍惜最初最真的自己，歷經滄桑飽受風霜之後，開始懷念自己，才醒悟原來自己一直都不是自己，而過去所做的一切，所追求所崇尚的根本都是那個被塗了色彩的自己。

正如尼采在《瞧！這個人》開篇所說：

「我的門徒們，現在我獨自而去！你們現在也獨自離去，獨自離去吧。我希望如此。」所以，不要再顧慮了，拋開一切別人制定的標準，回到自己的內心，去做最真實的自己！

不要太在乎別人的評價

世人都很好奇他人是如何評價自己的，想給別人留下
個好印象，想讓別人覺得自己偉大，更加重視自己。
然而，一味在乎自己的名聲有百害而無一利。
因為人總會給出錯誤的評價，你幾乎不可能收穫令自
己滿意的評價。評價令你大失所望反倒成了理所當
然。所以為了不讓自己怒氣衝天，就絕不能在乎自己
的名聲或口碑，也絕不能關心別人的想法。否則，你
就會安於「科長、處長、廳長」這樣的頭銜給你的快
感與安心，殊不知你已成為眾人的眼中釘。

——《人性的，太人性的》

　　尼采在精神失常之前，在**《瞧！這個人》**中宣告：「聽
吶，我是這樣一個人，別把我和其他任何人混淆了。」

　　我們可曾為別人的誤解、否定而抱怨過？是否曾為別人的

認同、表揚而沾沾自喜過？

其實，往往我們在意的不是自己對自己的肯定，而是別人對我們的看法，這些看法是別人貼給我們的標籤，卻極大影響著我們的心情。正面的評價使我們飄飄欲仙，負面的評價則會打垮我們好不容易建立起來的意志堡壘。

《信仰的力量》一書的作者路易士‧賓斯托克說：「每一個人，無論是販夫走卒還是英雄人物，總有遭人批評的時刻。事實上，越成功的人，受到的批評就越多。只有那些什麼都不做的人，才能免除別人的批評。」

有一次馬克‧吐溫請一個作家吃飯，這個作家名氣不大，而且是第一次到紐約，但是出席那次飯局的有三十多人，都是本地的達官顯貴名門望族。

臨入席的時候，這位年輕的作家越想越害怕，害怕得發起抖來。

馬克‧吐溫走近他關心地問：「你怎麼了？哪裡不舒服嗎？」

「我……我怕得要死。」這位年輕作家膽怯地說，「我知道他們待會兒一定會請我發言，可是我不知道說什麼，我擔心出醜，所以一想到待會兒要說話，我就怕得要死。」

「呵呵，」馬克‧吐溫聞言笑了，「年輕人，你不用害怕，我只想告訴你，他們可能會請你講話，但任何人都不指望你有什麼驚人的言論，所以你不用在意別人的看法，你只要做到最好就夠了！」

更多時候，你的行為對於大多數的人來說是無關痛癢的，那麼何必為了滿足這麼一點點別人的感受而委屈自己，跟自己較勁呢？

要知道，發生在你身上百分九十九的事情對於別人而言一點都不重要，所以選擇為別人的言語犧牲是一件非常不明智的事情。你是獨立的一個人，有自己的思想、邏輯行為、自己的看法和想法，適當的糾結是很正常的，但不要讓別人的看法變成你的枷鎖。

一七八六年，莫札特的歌劇《費加羅的婚禮》初演，落幕後，拿波里國王斐迪南四世坦率地發表了感想：「莫札特，你這個作品太吵了，音符用得太多了。」

法國小說家莫泊桑曾被人批評為：「這個作家的愚蠢，在他眼睛上表露無遺。那雙眼珠有一半陷入上眼皮，如在看天，又像狗在小便。他注視你時，你會為了那愚蠢與無知，打他一百記耳光仍覺吃虧。」

艾倫斯特‧馬哈曾任維也納大學物理學教授。他說：「我

不承認愛因斯坦的相對論，正如我不承認原子存在。」愛因斯坦對以上批評並不在意，因為早在他在慕尼克念小學的時候，任課老師就對他說：「你以後不會有出息。」

以日記文學聞名的法國作家雷納爾，一八九六年在日記中說：「第一，我未必瞭解莎士比亞；第二，我未必喜歡莎士比亞；第三，莎士比亞總是令我厭煩。」

雷納爾又在一九〇六年的日記中說：「你問我對尼采有何看法？我認為他的名字裏贅字太多。」連名字都有毛病，文章如何自不待言。

這些曾經平凡的人都遭受了無數的批評和否定，可是他們從來沒有在意過別人的看法和態度，他們相信自己，他們意志堅定。

路易士‧賓斯托克說：「真正的勇氣就是秉持自己的信念，不管別人怎麼說。」歌德也曾說：「每個人都應該堅持走為自己開闢的道路，不被流言所嚇倒，不受他人的觀點所牽制。」我們每個人絕無可能孤立地生活在這個世界上，幾乎所有的知識和資訊都來自在別人的教育和環境的影響，但你怎樣接受、理解和加工、組合，是屬於你個人的事情，這一切都要獨立自主地去看待、去選擇。誰是最高仲裁者？不是別人，而是你自己！

只要問心無愧，做什麼心都是晴的。

充耳不聞的智慧

如果我們整天滿耳朵都是別人對我們的議論，如果我們甚至去推測別人心裏對我們的想法，那麼，即使最堅強的人也將不能倖免於難！

因為只有在他們強於我們的情況下，才能容許我們在他們身邊生活；如果我們超過了他們，如果我們哪怕僅僅是想要超過他們，他們就會不能容忍我們！

總之，讓我們以一種難得糊塗的精神和他們相處，對於他們關於我們的所有議論、讚揚、譴責，希望和期待都充耳不聞，連想也不去想。

——尼采

尼采的作品一度無人問津，這也曾讓他迷茫和痛苦。

他在**《查拉圖斯特拉如是說》**出版卻無甚回響時悲嘆：「從心靈發出如此的呼喊，居然聽不到回音，這真是可怕的經歷⋯⋯」

十五年過去了，這本書仍然被埋葬在沉默裏，尼采在給奧維貝克的信裏說：「使得我異常痛苦的是，在這十五年裏，仍然沒有人發現我，需要我，愛我。」

　　尼采渴望被認同，被理解，雖然也會有所抱怨，但卻從未因此停止過自己在哲學上的思考，從未停止過自己的思想。可見，對於別人的置之不理或者誤解，他大多時候也是置若罔聞的。唯有不受別人言論的影響，才能最後攀至頂峰。

　　充耳不聞也是一種智慧。耳朵是用來聽聲音的，但是有時對那些讚美、譴責、希望和期待都充耳不聞，何嘗不是一種通過成功的途徑呢。滿耳朵都充斥著他人的議論，沸沸揚揚，它們很快就會侵佔一個人清醒的理智，最終放棄抵抗選擇順從。

　　奴隸早就消失在文明社會當中。但是在我們的生活當中，還存在著一種奴隸狀態，那就是捆綁在我們心靈上的枷鎖。有多少人，將決定權對著別人的嘴巴和盤托出，耳朵呈現歡迎光臨的狀態，這不是信任，不是謙和，而是沒有主見。這種心靈上的枷鎖，頭一道就是做「別人會怎麼想」的奴隸。

　　人生中這種「別人式」的想法是一種強而有力的牢籠。它抓住了人類想要得到肯定的弱點，使人們輕而易舉地就淪陷為他人言論的奴隸。這種「別人會怎樣想式」的奴隸會傷害我們的創造力和我們的人格，把我們原有的創造能力破壞殆盡。

　　我們生活中的大部分人，常常被「別人會怎麼想」所左右

自己的言行和決定，我們要清楚地知道，別人並沒有資格來左右你，因此要樹立一個明確的是非價值觀，並且做一個有主見的人。

　　美國前總統雷根小的時候鞋子破了，父母讓他自己去鞋店做鞋，鞋匠問他想要方頭鞋還是圓頭鞋。

　　雷根不知道哪種鞋適合自己，一時回答不上來。於是，鞋匠叫他回去考慮清楚後再來告訴自己。

　　雷根回去後，思前想後就是拿不定主意，以往都是父母去做的，但是這次父母讓他自己拿主意。雷根既想趕快穿上新鞋子，又不知道怎麼做決定，他苦惱極了。

　　沒過幾天，鞋匠在大街上遇到雷根，他問雷根考慮得怎麼樣了，雷根仍然舉棋不定，最後鞋匠對他說：「行了，我知道該怎麼做了，兩天後你來取新鞋。」

　　雷根去店裏取鞋的時候，發現鞋匠給自己做的鞋子一隻是方頭的，另一隻是圓頭的。

　　「怎麼會這樣？」他感到很納悶。

　　鞋匠回答說：「等了你幾天，你都拿不定主意，當然就由我這個做鞋的來決定啦！這是給你一個教訓，不要讓人家來替你做決定。」

後來雷根回憶這段往事的時候總是感嘆：

「從那以後，我認識到了一點，自己的事自己拿主意。如果自己遇事猶豫不決，就等於把決定權拱手讓給了別人。一旦別人做出糟糕的決定，到時後悔的是自己。」

做自己思想的主人，不做別人言論的奴隸。也許別人就是那麼隨口一說，你卻要為之付出自己的主見、主觀和自己的思想，最後得到的最多也不過是別人的點頭讚許，你快樂嗎？又假如面對的不是言論的左右，而是失敗後的言論，你會因為別人的言論而一蹶不振，但是你要從心裏站起來，還是要靠自己那份強大的意志力和主觀思維。

有時面對為數眾多的人發出的質疑、批評和非議，我們往往會陷入孤立、尷尬的境地，彷徨、質疑自己，慢慢就開始不相信自己。別人言論的力量可大可小，學會充耳不聞或者選擇性傾聽，將那些足以傷害你的力量柔化或者轉為正面能量，堅決不做他人嘴巴的奴隸。

一個有主見的人，永遠清醒地知道自己想要什麼，在做什麼，別人的看法和評價不過是別人的，不屬於你，你拒收這些「言論禮物」，自然而然就會返還給說話者本人，你還是你，你告訴自己，我就要這麼做。

人生最重要的事是
發現自己的一技之長

> 無論是誰，都有一技之長。而且這一技之長，是只屬於他自己的。
>
> 有些人很早便發現了自己的特長，並利用特長取得了成功。但有些人一輩子都還沒弄清楚自己究竟有什麼本領。
>
> 有些人憑藉一己之力發現了自己的特長，而有些人則參考世人的反應，不斷摸索自己的本領究竟為何。
>
> 總之，只要你百折不撓，不斷挑戰，總能發現自己的一技之長。
>
> ——《人性的，太人性的》

很多企業都苦惱於招聘工作：

「不是我們不要大學生這樣的人才，而是我們將他們招進來，給他們派遣工作的時候，發現他們根本就沒有一技之長，

還不安心工作。所以，企業寧願選擇那些在社會上待了兩年，遞過很多求職信都碰壁的人，因為他們都會有自知之明，給他們工作，他們就會很認真地去做。」

現在的大學生念了四年大學畢業出來後，除了腦子裏的知識以外一無所有，也沒有什麼特長。不管是學生、白領、企業家，除了學習、工作之外，都會有一些娛樂或者運動，又或者是兼職。不管是為了生存，還是更好的生活，一技之長都顯得越來越重要。

為了更好的生存，為了事業的順利，去發現一技之長或者強迫自己有一技之長也好，或者是純粹為了自己的興趣也好，一技之長都在生活中起著不可估計的重要作用。

楚將子發喜歡招攬有一技之長的人。有個號稱「神偷」其貌不揚的人，也被子發待為上賓。

一次，楚國受到齊國的進攻，子發奉命率軍迎敵。

大戰三次，楚軍均以失敗告終。子發召集旗下的能人異士尋求幫助，但是大家都沒了主意。

這時，其貌不揚的神偷出來請戰。

晚上他在夜色的掩護下，將齊軍主帥的睡帳偷了回來。第二天早上，子發派人將偷來的睡帳還給齊軍，並對他們的士兵說：

「回去告訴你們的主帥，我們的士兵出去打仗時撿到你們主帥的睡帳，現在特地趕來奉還。」

當晚神偷又去將齊軍主帥的枕頭偷來，第二天故技重施。齊軍主帥有些慌了。

到了第三天晚上，神偷連齊軍主帥頭上的髮簪都偷來了，子發照樣派人送還。

齊軍士兵看到這三天發生的事情，都覺得害怕，主帥驚駭地對幕僚們說：「如果再不撤退，恐怕子發要派人來取我的人頭了。」於是齊軍不戰而退。

神偷因此得到重任，衣食無憂。

一技之長在一個人的生活中起到不可替代的作用，可用來調劑生活，順利職場，滋潤心情，陶冶情操等等。千萬不要以為自己毫無是處，便自暴自棄。

三百六十行，幾千種興趣愛好，一定會有你喜歡的，放手跟著自己的心去盡情發現那一個你不知道的自己，因為在那個領域裏，你就是王。

坦然接受自己的變化

過去的自己所堅信的真相，現在竟成了錯誤；過去的
自己所堅持的信條，現在也發生變化了。

這並非因為你年少無知，見識淺薄，不經世事。對當
時的你而言，這樣的想法是必要的；對當時那個層次
的你來說，那是真相，也是信條。

人總在脫胎換骨，更新換代，不斷朝新的人生邁進。

所以，只不過是過去不可缺的東西，現在變得不再需
要了而已。

對自己的批判，和聽取他人對自己的批判，其實也是
對你的蛻變的一種促進，為了讓你更快地煥然一新。

——尼采

世界總是在變化，而我們隨著成長、成熟也在改變。或許
我們念念不忘一直所堅持的東西，卻忽然發現是錯誤的，或許
我們曾經喜歡的感情到了後來卻成為一種懷念，也或許我們變

得與原來的自己漸行漸遠。

很久不見的老朋友在見面後卻沒有了當年的感覺，於是會欷歔感慨：你變了。很好的朋友因為一件事發生分歧，他忽然對你說：看看你變成什麼樣子了！

可是世界上根本就不存在一成不變的人，靜止是相對的，也許他們認為時間沒有太大的變化，那是因為時間在跑，而我們也在跟時間賽跑，所以怎麼可能沒有改變呢？

也許你變得沒有小時候可愛了，也許你變得沒有讀書的時候單純了，也許你變得沒有初入職場的青澀了，也許你變得沒有戀愛時的溫柔體貼了，但是這些改變我們都大致可以接受。假如是突變呢？我們變得不再被自己所喜歡，變得世俗，變得不再健康從此不再開心，難道就要這樣過下去嗎？我們還是有時間快樂的。

只要被賦予了生命，我們的身體機能每時每刻就在發生變化，疾病的突襲是變化，身體的強健也是變化，變得越來越漂亮是變化，變得越來越老也是變化，不管你如何抗拒，這些都是實實在在已經發生的變化，只有選擇了接受，才可以面對，才可以更好的生活。

除了生活，感觸很深的是職場，從剛進公司為大家端茶送水隨意差遣，到後來成為公司的高管，那些以前的好友會衷心地祝賀你，為你高興，也會有人惺惺作態地對你說：你真的變

了，以前的你不是這樣子的。以前的你單純美好，現在的你為了生意想盡辦法費盡心機，變得面目前非，我不認識你了。

那是他們不懂你是如何一步一步爬上來的，不知道你委屈過哭泣過甚至想放棄過才走到今天，他們不曾看見過程就武斷地告訴你：你變了！你在意嗎？你覺得心酸嗎？可是你接受了選擇的自己，明白很多事情是回不去的，只要你現在做的事情得到自己的肯定，就不要回頭。

尼采的哲學告訴你：人總在脫胎換骨，更新換代，不斷朝新的人生邁進。

第四章

生命就是
不斷自我超越

每一個不曾起舞的日子，
都是對生命的辜負！

—— 尼采 ——

安逸是我們最大的敵人

> 很多人都希望自己的生活能夠盡可能的簡單，盡可能的安逸。想要這樣其實很容易，只要你願意每日混跡於芸芸眾生當中，你便可以輕鬆做到。
> 只要你願意與眾人共進退，很快你就會變得安逸，安逸得連自己都能忘卻了。
> ——《權力意志》

尼采認為，安逸會使人忘記自己，因此成為自己最大的敵人。古代孟子也提出相似觀點：生於憂患，死於安樂。

說白了，我們現在的奮鬥打拼就是為了過上安逸舒適的日子，誰都在追求這樣的生活。也就是因為我們的追逐，安逸才顯得那麼高高在上，不可觸摸。那麼安逸究竟是什麼樣子的呢？是魅惑人心的罌粟，是美麗的危險。

曾經有人做了一項實驗：他找來兩隻青蛙做實驗，將一隻

青蛙丟進一鍋沸騰的開水中，青蛙感到滾燙，於是一躍而出，安然脫離險境。又將另一隻青蛙放入一鍋涼水中，慢慢地加熱。這隻青蛙悠哉遊哉泡著致命的溫泉浴，安逸地享受著這份舒適，等到牠察覺水沸騰的時候想跳出去時，已經送了性命。

人也是這樣，對於明顯的危險，能立刻拿出本能而做出激烈的反應。但對悄然而來的隱患，卻沒有任何的防備，反而貪圖享受，等到悔悟爲時晚矣。

> 五代後唐莊宗李存勖繼承父親遺志，發奮圖強，用了整整十六年的時間擊破各個對手，在西元九二三年滅梁稱帝。多年的打拼使李存勖想要鬆一口氣，於是進了首都洛陽後，李存勖夜夜笙歌，沉迷酒色，橫徵暴斂，魚肉百姓，最後被手下伶人殺死的下場。
> 從建國到亡國才短短三年的時間，爲了貪圖安逸，葬送了十六年的努力和自己的生命！

後人總結出「憂勞興國，逸豫亡身」這個深刻而慘痛的教訓。貪圖安逸是人的天生本性，在這個世界上，很少有人像古代賢人隱士那樣享受清貧的安逸，人們普遍追求的是金錢物質的奢華安逸和對現狀停滯不前的安逸。

這種暫停也許是永久的暫停，因爲它不僅僅是安逸，更是

潛伏的危難。在合適的時候使你措手不及，一事無成不說，失去了機會和本有的生活才是最慘重的。

　　生活中的安逸就是這麼危險，而在職場安逸更是令人安於現狀、不思進取。德謨克利特說過：「任何一項工作都比安逸令人愉快。」松下幸之助先生也說過：「假如你能夠發現你所從事的工作非常適合自己的能力和興趣，從而努力地工作，我認為這才是人生真正的樂趣。」安逸是最不可見的危險，它悄無聲息地潛伏在各方面，所以要把握好任何事情的尺度，不要被安逸左右，看清楚，它才是你最大的敵人。

無所事事
是對生命最大的蹂躪

每一個不曾起舞的日子，都是對生命的辜負！　——尼采

我們都太無聊了，以至於終日不知道該做些什麼，該有什麼樣的小目標。你在每一個彈指一揮間浪費自己的時間，辜負自己的生命。

「好無聊啊」、「真沒意思，不知道幹什麼！」你是不是經常發出這些話語？在說這些話的時候，你有沒有為自己列一個表，有沒有做過一道計算題。現在，讓數字來告訴你──

假如一個人能活一百年，睡眠三十年，吃飯十年，穿衣梳洗打扮七年，走路旅遊堵車七年，打電話一年半，打電話沒人接一年十個月，看電視四年，上網十二年，找東西一年八個月，購物一年半，年少前成家後又生育孩子去掉五年，閒談七十天，擤鼻涕剪指甲八天，發呆二十五天，最後剩餘時間為十年。十年我們如何過？

你還會嫌棄時間足夠充裕不知道做什麼嗎？還會在那裏感嘆無聊嗎？每一個不曾起舞的日子，都是對生命的辜負！尼采這句話所含的道理實在深入人心，令人深思。

岳飛在《滿江紅》裏曾說過：「莫等閒，白了少年頭，空悲切。」如果你總覺得日子過得很無聊，只好靠去網吧、ＫＴＶ等這些場所來打發，真的應該好好想一想，我們究竟為了什麼活著？

什麼叫不辜負生命？珍惜時間就是不辜負生命。達爾文曾在給蘇珊・達爾文的信中說：「一個竟會白白浪費一小時的

人，就不懂得生命的價值。」

一天，生病的達爾文坐在藤椅上曬太陽，面容憔悴，
精神不振。
一個年輕人路過達爾文的面前，當他知道面前這個
衰弱的老人就是寫了著名的《物種起源》等作品的
達爾文時，不禁驚異地問道：「達爾文先生，您身體
這樣衰弱，常常生病，怎麼能做出那麼多事情呢？」
達爾文回答說：「我從來不認為半小時是微不足道
很小的一段時間。」

在這個世界上，你真正擁有，而且極度需要的只有時間，
時間在生命中是如此重要，而許多人卻日復一日花費大量的時
間去做無聊的事。
喪失的財富可以通過厲兵秣馬、東山再起而賺回；忘掉的
知識可以通過臥薪嘗膽、勤奮努力而復歸；失去的健康可以通
過合理的飲食和醫療保健來改善；而唯有我們的時間，流失了
就永遠不會再回來，無法追尋。

法國著名科幻作家凡爾納每天早上五點鐘就會起
床，然後一直伏案寫到晚上八點。在這十五個小時

中，他通常只在吃飯時休息片刻。但是他並不會與家人坐在一起吃飯，通常都是妻子給他送到他寫作的地方，他搓搓酸脹的手，拿起刀叉，以最快的速度填飽肚子，抹抹嘴，就又拿起筆。

他的妻子看他如此辛苦，就非常心疼地問：「你寫的書已不少了，為什麼還抓得那麼緊？」

凡爾納笑著說：「你記得莎士比亞的名言嗎？放棄時間的人，時間也放棄他。哪能不抓緊呢？」

在四十多年的寫作生涯中，凡爾納記了上萬冊筆記，寫了一百多部科幻小說，共有七八百萬字，這是一個相當驚人的數字！

一些感到驚異的人就悄悄地詢問凡爾納的妻子，想打聽凡爾納取得如此驚人成就的秘訣。

凡爾納的妻子坦然地說：「秘密嘛，就是凡爾納從不放棄時間。」

富蘭克林，美國著名的科學家，《獨立宣言》的起草人之一。曾經有人問他：「您怎麼能夠做那麼多的事情呢？」

富蘭克林笑笑說：「你看一看我的時間表就知道了。」讓我們一起來看看他的時間表吧：

五點起床，規劃一天的事務，並自問：

「我這一天要做好什麼事？」

八點至十一點，十四點至十七點，工作。

十二點至十三點，閱讀、吃午飯。

十八點至廿一點，吃晚飯、談話、娛樂、回顧一天的工作，並自問：「我今天做好了什麼事？」

朋友勸富蘭克林說：「天天如此，是不是過於……」

「你熱愛生命嗎？」富蘭克林擺擺手，打斷了朋友的談話，說：「那麼，別浪費時間，因為時間是組成生命的材料。」

生命有限，然而，大部分的人卻活得單調乏味，過著俗不可耐的日子。某著名的導演在去世前幾周接受訪問時，曾語重心長地說了這麼一段話：活著的時候，最好能記住，死亡即將來到，而我們不知道它降臨的確切時間。這能讓我們隨時保持警覺，提醒我們趁著機會還在，要珍惜每一分，每一秒。

如今，想想十年前的事情，仿佛就發生在昨天，十年一晃就過了，而我們的一生又有幾個十年呢？你現在要做的事情很多，前進、荊棘、跌倒、受傷……我們永遠不會感到無聊，不會是一個無所事事的混跡生活的人。也許我們不能使時光流逝的腳步放慢，但是我們可以珍惜時間，不辜負這一遭生命。

快感來自征服

最大限度地享受存在的樂趣，意味著危險的生活。

——尼采

存在就是要去征服，征服意味著會產生樂趣，快感源自瘋狂。瘋狂征服自己，昨天思想完全猝死，這就是危險。自己給予自己的危險。

一切阻攔都是危險，大與小而已。

柏拉圖說：「對於一個人來說，征服自己是第一的，也是一切勝利中最崇高的。」是啊，征服世界的人並不偉大，一個征服自己的人，才是世界上最偉大的人。那種征服世界的酣暢淋漓也是從征服自己開始，繼而征服苦難，獲得瘋狂的快感。

聞名世界的西敏寺大教堂的地下室墓中，有一塊墓碑上面

是這樣寫的：

「在我年輕的時候，我的想像力沒有受到任何的限制，我夢想著改變這個世界。可是當我慢慢成熟以後，我發現我根本就不可能改變這個世界，於是我降低了自己的要求，我希望可以改變我的國家。但當我進入晚年之後，我又發現其實我不能夠改變我的國家，於是我的最後願望是改變我的家庭。但是就連這個做起來時都顯得可能性不大。當我躺在床上行將就木時，我突然意識到，假如一開始我可以將目光放在自己身上，去改變自己，從而獲得家庭，使我的家庭和親人給予我支持、鼓勵和力量讓我去改變社會，改變國家，再從中積蓄力量，也許我甚至可以改變世界呢？但是什麼都晚了。」

曼德拉偶然看到這一段話，觸動了他對人生的思考，他思考良久，從中領悟了人生的真諦。回到南非以後，曼德拉放棄了自己以前的想法和主意，決定從征服自己開始，自己的缺點自己思想上的死角都被他一一清除，終於用那股征服自己的力量去盡可能改變了自己的國度，甚至是世界。

魯迅說：「倘要完美的人，天下配活的人也就有限。」因為我們的不完美，所以生存的意義便又增添了一些征服的快感。

想要征服自己並不容易，但這是征服對手、征服所有苦難的必經之路。征服自己就要直面自己，剖析自己，跟負面的自己作鬥爭，不跟自己較勁。在這個過程中，沒有人監督，沒有

人喝彩，沒有人加油，一切都是默默進行。但是當你征服了自己之後，你會發現，世界上沒有更難的事情了，你邁出了最偉大最艱難的一步，後面的困難就變得不那麼苦難了。

希拉蕊是美國第六十七任國務卿，美國總統柯林頓的夫人。人們對她的看法褒貶不一，伶牙俐齒、敢想敢做、足智多謀、咄咄逼人、不留情面……但有一點人們無法否認，希拉蕊是世界第一流的女政治家。

在政治方面，希拉蕊絲毫不比老公柯林頓遜色，她從小就表現出了與眾不同的氣場，不僅成績出類拔萃，還有著極強的領導和社交能力。

希拉蕊出生於芝加哥一個中產階級家庭，四歲時發生的一件事鍛鍊了小希拉蕊勇敢和果斷的性格。

當時小希拉蕊並不勇敢，她有著女孩的柔弱和怯懦，有一個霸道的小女孩總是喜歡欺負希拉蕊，希拉蕊每次都跑回去向母親哭訴。

母親告訴小希拉蕊：「孩子，別害怕，你最大的敵人不是她，而是你自己，克服你內心的懦弱，只要受到欺負，就勇敢地還擊。」於是小希拉蕊出去與那個霸道的女孩打了一架。就是這一架，征服了社區裏無數受那個霸道女孩欺負的小朋友們，這以後小朋友

們都喜歡聚在希拉蕊身邊，同時也鍛煉了希拉蕊征
服別人和卓越的領導能力。

　　成功者都享受征服後的快感，但是征服其中的危險和苦
難，是不為人知的。那有什麼關係？反正過程也許艱辛，但是
最後那一聲勝利吶喊的快感，是無可複製的。
　　蘇格拉底說：未經審查的人生沒有價值。要讓自己人生變
得價值非凡，去吧，去征服吧，不要害怕。尼采鼓勵所有人：
存在就是要去征服，征服意味著產生樂趣，快感源自瘋狂。

無自知之明的愚昧
是最大的愚昧

> 有福之人便是那些健忘者：因為他們也同時忘卻了他
> 們的愚昧。
> ——尼采

孔子問子貢：「你跟顏回誰更博學一點？」子貢回答：「我怎能和顏回相比？他能夠以一知十；我聽到一件事，只能知道兩件事。」

子貢有沒有顏回博學，這個並不重要，可是子貢的自知之明卻深得孔子欣賞，這種明智使他勇於誠心的看待自己，這份從容更是胸襟寬闊。也正是這一種獨特的人格魅力使得子貢傳之千古。

常言道：人貴有自知之明，把人的自知稱之為「貴」，由此可見自知這種行為是多麼的難得；把自知稱之為「明」，又可見自知的智慧。

沒有自知之明，就好像「目不見睫」，我們的眼睛可以看見遠處的東西，卻看不見自己的睫毛。懂得自知之明變成一種智慧，而沒有自知之明的人，便是最大的愚昧。

真正的蠢才不是沒有才華，而是沒有自知之明。世界之大，就應該更客觀地看清自己，知道自己的優劣，就像這隻螞蟻覺得自己名揚天下，卻也僅限於蟻族而已。我們應該對自身的價值有個大概的估量，明確自己的人生觀，對自己有個清晰的認識。

人人都喜歡聽好話，讚美的話，很多時候聽到類似這樣的話，沒有自知之明的人根本就不去在乎它是奉承話、謊言，只要自己聽著舒服便信以為真，飄飄然起來，真的覺得自己像別

人說的那麼厲害那麼偉大，卻不知別人說這些話的目的也許是為了讓他放鬆戒備，也許是為了從心理上摧垮他，也許是為了討好他有求於他。

在《戰國策‧鄒忌諷齊王納諫》中，鄒忌就很有自知之明，聽到了妻子、姜室和客人的讚美卻沒有被這些吹捧沖昏頭腦，他說：「姜之美我者，畏我也；客之美我者，欲有求於我也。」這些好話並沒有使鄒忌覺得自己比徐公美，而是聽了這些話之後，清楚地知道他們讚美自己的意圖。這是很多人做不到的。

要真正瞭解自我，就必須換一個角度看自己。首先，要「察己」。客觀的審視自己，跳出自我，觀照自身，如同照鏡子，不但看正面，也要看反面；不但要看到自身的亮點，更要覺察自身的瑕疵，包括對自己的學識能力、人格品質等進行自我評判，切忌孤芳自賞、妄自尊大。其次，要不斷完善自我，有則改之，無則加勉。須知天外有天，人外有人；尺有所短，寸有所長。

古人云：「吾日三省吾身。」也就是說，人的自知之明是來源於自我修養和自我醒悟。因為自省而不受言語的紛紛擾擾，因為自省而比任何人清楚地知道自己擅長什麼，和什麼地方不足，也就避免了因為沒有自知之明而鬧出的笑料。

所以我們只有真正瞭解自己的長處和短處，避己所短，揚

己所長，才能對自己的人生座標進行準確定位。自知之明的昂貴，是不用金錢和物質的付出的，你值得擁有！

因循守舊只有死路一條

對於蛇來說，如果不能定期的蛻皮的話，等待牠的只有死亡。

其實，人又何嘗不是呢？如果一直墨守成規，不思改變的話，即便外表看起來光鮮亮麗，但實際上內部早已腐爛。如果淪落到此種境地，哪裡還可以奢談發展，恐怕連生存都是個大問題。

為了使自己能夠獲得新生，我們要做的就是不斷地使自己的觀念得到新陳代謝。

——《曙光》

「刻舟求劍」、「鄭人買履」看起來很愚蠢對嗎？寓言故

事就是放大了我們自己，再換個身分被講出來，我們看了之後哈哈大笑，然後陷入深思：這不正是我們自己嗎？

我們的身體永遠處在新陳代謝之中，得以維持生命，那麼這個世界也是這樣，因循守舊，只有死路一條。

有這麼一個故事，說的是有一位工匠砌了一堵石牆，這堵牆高四尺、厚六尺，同行的工匠都勸他拆掉重砌，他堅持這樣，並說：「你們根本就不懂得我是怎麼想的，為什麼拿你們的想法來要求我？」

人們都很不解，問他為什麼要這麼砌，這個工匠得意地回答說：「如果牆被風吹倒了，反而會更高的！」

這位工匠雖然沒有因循守舊地按照別人的想法砌一堵正常的牆，卻也著實可笑，固執己見、自作聰明，這也是我們在因循守舊的過程中會犯的錯誤。有人認為「萬變不離其宗」，所以他們就懶得去改變，覺得自己不管變不變都還在這個事情之內，沒有脫離原本的軌道，其實不然，這也恰恰說明了成功的人們和抑鬱不得志的人之間的區別。

因循守舊是一種懶惰的慣性思維和對固定模式的墨守成規，它的特點是思想僵化，固步自封，不思進取。人們總以為保守是最安全的。

其實取得成功的人往往是在險中求勝的，他們出其不意、特立獨行、冒著危險去做自己想做的事情，失敗了就再謀求新

的方法，成功了也是敢於打破因循守舊尋求創新。

不要害怕風險，不要害怕失敗，穩中求勝的機會並不多，而最大的贏家往往就是敢於冒險，敢於打破舊模式的那一個。想要成功，想要不被社會所淘汰，那就打破它！擊碎它！

厭倦是因為你停止了成長

越是難以得到的東西，人越是心嚮往之。

但無論是人還是物，一旦擁有，一段時間後，便會心生厭倦，因為你已經得到它，習慣它。

其實，你真正厭倦的是你自己，而不是你得到的東西發生了什麼變化。也就是說，是你的內心對那件東西的看法發生了變化，才產生了厭倦。

一個人越是不注重成長，就越容易厭倦。反之，一個不斷成長的人，每時每刻都在發生變化，即便長時間面對同樣的人或者物，也不會產生絲毫的厭倦。

——《快樂的知識》

在最初的三個月，戀愛中的人是瘋狂的，一會兒不見就思念不已，坐立不安，真是一日不見，如隔三秋。

　　大概從第四個月開始，激情就開始減退，直到握著你的手，就像左手握右手。

　　是你愛的那個人變了嗎？不是。尼采說：「不是你得到的東西發生了什麼變化，而是你的內心對那件東西的看法發生了變化，才產生了厭倦。其實，你厭倦的是你自己。」

　　這被稱為愛情中的審美疲勞。不只是愛情有審美疲勞，工作也有。你是否對工作喪失熱情，情緒暴躁易怒，對周圍發生的事情和人都漠不關心，感到前途渺茫？是否你的工作態度非常消極，對待工作中要接觸的對象，包括客戶和同事失去耐心，感到煩躁，但是還得硬著頭皮敷衍應付？你是否對自己工作的意義失去原本的價值評估，經常遲到或早退，甚至產生了跳槽或者轉行的想法。如果你回答一半為是，那麼說明你已經有了職業倦怠症的傾向。

　　心理醫生說：「職業倦怠症是一種由於工作的枯燥而引發的心理枯竭，是長期處在一種環境中能量消耗、沒有得到重視還不懂得自我調整的職業人的通病。」現在的人們對於職業的倦怠期越來越短，有的上班族甚至工作不到半年就開始對工作產生了深深的厭倦。如果不能及時處理這種心情，時間久了不

僅會喪失工作的激情，工作還會變成痛苦的來源。

我們之所以對工作產生倦怠心理，多數是因為工作重複單調，缺乏新鮮感，而這又歸結於我們的停滯不前。

一項工作做久了，看上去輕車熟路，實際上就會有一種重複「吃剩飯」的感覺，失去最初的新鮮感，這是一個很正常的心理現象。即便是自己喜歡的事情，如果成年累月重複做，也會感到厭倦的。就像一個人愛吃紅燒肉，若是連續吃十天半個月的，估計也會厭煩。

愛情也一樣，當愛情的新鮮感已消耗殆盡，就會開始進入平淡期，而這時候，如果我們可以主動製造一些浪漫，就會刺激愛情重新生長。其實，工作本身並沒有什麼問題，出現問題的是我們的心。

如果我們能保持進步，不斷給工作添加一些新鮮材料，就像給咖啡加點糖一樣，那麼工作就會由單調變有趣了。

就像尼采說的那樣，即使是在風景最美的地方，當我待在那裏三個月時，也不會那麼喜愛了。而任何寬闊無邊的海岸都會引起我們的遐想和嚮往。當我們對擁有的東西產生疲勞時，我們就對自己本身產生了疲勞。

假如你還愛你的戀人的話，就不要因為沒感覺了而放棄，厭倦只是一種愛情錯覺。其實愛情沒有消失，它只是睡著了，搖一搖，它就醒了。

工作亦然，不要忙著跳槽，盲目的跳槽只會越跳越糟糕。我們要想辦法為之添加新的激情元素。看看職業規劃師為我們支的招吧。

第一，尋找工作中的「新鮮點」。

這一條類似於尋找伴侶身上新的亮點，比如你忽然發現一向花錢大手大腳的愛人，其實財商還蠻高，對一些投資項目的敏感，不得不讓你佩服。而在工作中，你不妨重新審視一下自己所處的環境，自己的日常工作內容，從中發現新的樂趣以及新的挑戰。新的樂趣可以減緩每天面對大量重複資訊的厭倦感，而新的挑戰則可以賦予新鮮的工作激情，激發鬥志。

第二，做到勞逸結合。

如果兩個人成年累月都是每天八點出門去上班，七點多到家做晚飯，日子過的公式化，心情自然也會公式化。所以，不如抽個週末，一起去郊遊，或者去初戀的地方重溫初戀的感覺，一定能加深彼此的感情。

工作也是一樣，如果你長期堅持每天工作到晚上十二點，那麼早晚有一天，你會「崩潰」。如果你的工作非常制式化，那就更應該適當的改變一下，比如找個風景秀美的地方散散心，去做一件一直想做卻因為工作忙而一直未做的事情。

第三，提高自己的適應能力。

很多人會因為自己選擇了一份自己喜歡的工作而歡欣鼓舞，可是沒多久，就變得垂頭喪氣，覺得自己對工作的興趣在下降。就像結婚久了，覺得沒有以前那樣愛自己的伴侶了。其實，並不是因為愛減少了，而是在相處的過程中可能遇到了某些問題，比如不能很好的與同事相處等。

遇到了問題，逃避不是解決問題的辦法，需要做的是提高適應工作、適應環境的能力。尤其是參加工作的頭幾年，是職業素養和工作習慣養成的關鍵時期，此時形成的心態將對日後的職業發展產生重大的影響。需要記住的是，與工作相處其實就好比與自己的愛人相處，熱情和興趣都是需要不斷培養的！

總之，要在婚姻中保持戀愛的激情不是一件容易的事，但也不是不能實現的，聰明的人總是善於經營，所以他們的婚姻就能結出幸福的果實。同樣，要在工作中保持長久的熱情雖然不容易，但完全是可能的。只要你不斷保持成長，每天的感覺都是新的，又怎麼會厭倦？

從來沒有偶然的成功

勝利者絕不相信偶然。即便一些人說自己的成功是出於偶然，那也是因為謙虛。
——《快樂的知識》

　　總是不得志的我們常常否認成功的必然性，因為得不到，所以將所有的因素歸結為——運氣，卻從來不去探究成功者背後的辛酸苦楚和努力，僅僅用偶然和運氣就將他們所有的付出一筆帶過，這是不公平的。

　　成功的背後有多少汗水與心血，沒有成功過的人是不會知道的，失敗者也並不一定是失敗者，獲得的是另一種成功。失敗了也不會一無所有，因為付出心血所以得到教訓和經驗。機會，是靠自己爭取的；命運，是靠自己掌握的；而未來，就在自己手中。

如果你將心中大夢的實現寄託在偶然的運氣上，那麼它就真的變成春秋大夢了。

　　史玉柱在商界的失敗不得不說是最慘重的。從成功開發腦白金，財源滾滾到後來巨人大廈轟然倒塌，欠下三億多債務，最後的成功是怎樣的一個經歷？

　　史玉柱從創業開始做小本廣告，發展到開發了腦白金，淨利竟達到二千多萬。這樣的成功讓史玉柱更加放心地進入了房地產和服裝等行業，並且開始巨額籌建巨人大廈。

　　預算為二十億的巨人大廈，填補到最後七十億都沒完成，最終史玉柱無法負擔，欠下了巨額的債務。企業停止運轉，而他本人也消失了。

　　二○○○年史玉柱又出現了，另起爐灶重新開始運作「腦白金」項目，他用「神秘人」的身分宣布清償巨人大廈所欠的預售樓款項；五年後，史玉柱又進軍網路遊戲，推出《征途》免費網遊的新規則，二○○六年就把《征途》做成了用戶數第一。

　　史玉柱這樣解讀自己的成功學：「我的成功沒有偶然因素，是我帶領團隊充分關注目標消費者，做了辛苦調研而拼命出來的。」

就如尼采所說：勝利者絕不相信偶然。即便一些人說自己的成功是出於偶然，那也是因爲謙虛。真正的成功者需要經歷失敗、蛻變，但是有許多人把自己的失敗歸結於命運的捉弄，這樣雖找到了自己失敗的替罪羔羊，卻也丟失了一個認識自己的機會。其實冷靜下來想想，命運的操縱者就是自己，堅定步伐的人不會因爲前方的荊棘就後退，只有那些抱存僥倖心理的人才在外力的阻撓之下後退抱怨，無法取得成功。

　　這個世界也許真的不缺乏機會，缺乏的是發現機會和把握機會的能力。當然也不缺乏成功者，而是缺乏堅持和睿智的人。真正的成功者，從來都是探索者和實踐者，而不僅僅是成功學的學習者和機率學的總結者。

　　小男孩剛出生時就患有疾病，他的嘴天生畸形，該說話的年紀卻吐字不清，沒有人會認爲這個孩子有什麼好的前途，但是他的媽媽一直相信自己的孩子。
　　伴著媽媽的鼓勵，他開始進行一項對他來說看似不可能完成的訓練：含著石子訓練說話，他常常練到血肉模糊仍不放棄。就是靠著這樣的毅力和耐力，他堅持下來了，奇蹟般地成爲一名政治演說家，最終當選加拿大總理。
　　他告訴大家：「我就是一隻逆風飛行的蝴蝶，即使

大風吹得我翅膀無力，體無完膚，我還是要飛行，我
一直相信會有那麼一天，我的堅持會得到回報。」而
他確確實實做到了，那些血肉模糊和偷偷忍住淚水
的日子造就了他的成功，誰敢說他是僥倖成功？

　　老鷹總是讓人聯想到凶猛，桀驁不馴，捕捉獵物迅猛，別
說動物們，就是人們看到牠都有一種望之生畏的感覺。鷹的一
生最多能活七十年，然而這看似光鮮的鷹，誰又知道牠身後忍
受的是常人無法忍受的痛。

　　一隻鷹活到四十年的時候，牠就要經歷一場重生，牠默默
地等待蒼老的喙脫落，新喙長出，長出之後，牠再毫不留情地
將自己的羽毛一根根拔掉，等待新羽毛的長出，這一過程是常
人無法想像的漫長和痛苦，然而鷹們只能默默承受，否則等待
牠們的將是衰老與死亡。誰又能說牠們的威猛是天生的呢？

　　成功並非偶然，那是堅韌與磨練後的重生，那是等待蝴蝶
衝破重繭的堅持，那是痛苦和折磨的煎熬。當然，因人而異，
選擇一條屬於自己的路也很重要，否則運氣和堅持都沒有用。

　　忽略別人的付出是對別人成功的藐視，更是對自己人生的
不負責任。堅信破曉前的黑暗是存在的，也就堅定了自己面對
成功之前種種考驗的堅定，只要願意付出，扔掉僥倖心理，我
們相信前方的道路是寬闊的。

第五章

理智使人聰慧

急躁的人在面對事情時，
總是喜歡在事情還沒結束時，
就迫切做出多餘的言行舉止，導致感情破裂。
因此，再普通的事情，
在他們手中也都會變成麻煩事。

——《曙光》——

懂得捨棄，
才能身輕如燕的前行

要在有限的時間裏做成些什麼，就不得不離開些什麼，捨棄些什麼。必得捨棄，才能身輕如燕的前行。

——《快樂的知識》

相信大家都知道這個故事：

一個裝滿榛果的瓶子，一個小孩把手伸到瓶子裏，盡其所能抓了一把榛果，當他想把手伸出來的時候，手卻被瓶口卡住了。他急得哭起來，卻不肯捨棄一部分榛果，讓拳頭變小。

即便是真正的好東西，當我們得不到它的時候，就不該固執地不放手。明智地捨棄它，否則弄疼的只能是自己。

的確，很多事情需要的不是堅持，而是放棄，只有放棄，

才可以得到新的選擇和新的開始，才能看到光明。「山窮水盡
疑無路，柳暗花明又一村。」放棄了，思想才不會受捆綁，靈
魂才得以呼吸。

古人云：得之容易，棄之難。又如食之無味，棄之可惜。
這說明放棄一樣東西，比得到一樣東西更難。在我們學習中常
談到要保持空杯、空腹狀態，究竟怎麼樣才可以達到這種境界
並保持這種狀態呢？這就需要懂得放棄。取捨之間，才能攝入
新鮮事物，換掉破舊思想觀念。

捨棄是一種智慧，也是一種境界，懂得捨棄的人往往會有
大收穫。在放下更多本來不應該堅持的事情的時候，許多大智
慧就能自然而出。世上的真理不只有持之以恆，適時放棄也是
一種明智之舉。有些堅持就像是包袱，在前進的過程中，旅途
漫漫，非要堅持著背著它們卻得不到任何的益處，這時放棄才
可以令你輕鬆上路，更快更早地到達目的地。

有一個人喜歡雲遊四方，以周遊世界為樂趣，他的
足跡涉及許多地方。
一次在他經過一個險峻的峭壁時，竟然一不小心掉
了下去，求生的本能使他在慌亂之中抓住了崖壁上
枯樹的老樹枝，他呼出一口氣，總算保住了性命。但
是他往下一看，忍不住倒吸一口氣，自己就懸盪在這

樣險惡的處境中，上下不得，沒有行人路過，這裏更無法呼救。他從來沒有遇到過這樣的事情，生命危在旦夕，他感到絕望。

忽然，抬頭時看到慈悲的佛祖就站在懸崖的邊上，他如同溺水的人抓住了那一根救命稻草，立刻哀求佛祖說：「慈悲為懷的佛祖啊，求您發發慈悲，快救救我吧！我堅持不了多久了！」

佛祖看著他慈祥地說：「救你可以，但是你要聽從我的指揮，我需要你的配合，才可以救你上來。」這個人忙不迭答應：「當然，慈悲的佛祖，到這個地步了，只要能救我的性命，您說什麼我都答應您。」

佛祖說：「好吧！既然這樣，現在就請你把攀住樹枝的手鬆開一隻！」

這人一聽，猶豫了，心想要是手一鬆開，必然就會掉入萬丈深淵，摔個粉身碎骨，怎麼可能保得住性命。因此雙手更加抓緊樹枝不放，佛祖悲憫地看著他，搖著頭嘆了口氣，離開了。

其實只要他願意鬆開一隻手，就可以把手伸向佛祖，佛祖才能拉他上來。他這樣雙手緊緊攀住樹枝不鬆，只有慢慢等死。

我們看了很多勵志書，都說捨得捨得，有捨有得。這種說法不絕於耳，可是到了這種境地，想得開的又有幾人。我們往往在遇到該堅持的事情，卻由於膽怯希望渺茫而放棄，而對堅持下去不會有結果的事情卻徒勞費勁。

　　放眼古今，無數英雄豪傑的豐功偉績都是得益於對「捨得」二字的把握和實踐。越王勾踐在被吳王打敗後，作為一個君王卻捨棄了帝王的尊嚴，忍辱偷生，十年來臥薪嚐膽，反覆的反思、苦練，終於這份捨棄又使他得到了天下。

　　明者遠見於未萌，智者避危於未形。不光是大事，在我們的生活中，也需要有一種懂得放棄的那份明智；當你跟別人發生矛盾衝突時，口角爭論愈演愈烈，眼看就水火不容，這時只要不涉及什麼原則問題，再爭論下去意義不大，你完全可以放棄好勝的心理，化干戈為玉帛，避免兩敗俱傷。在你放棄爭論的同時，對方也悻悻地不會唱獨角戲；當愛情裏，發生摩擦時，學會保持緘默，放棄爭執，可以喚起對方的惻隱之心，冷靜思考，也促成了關係和睦。

　　事情就是如此，它不得不發生，令你不得不面對，可是它並沒有喝令你不得不前進。人生何處不輝煌，放棄門縫的一縷光，推開窗你會看到整片的明亮。

學會等待，讓自己平靜下來

等待的能力是如此難以實現，以至於偉大的詩人常常將此作為詩歌中的主題。比如，莎士比亞塑造了奧賽羅，索福克勒斯塑造了埃克斯。埃克斯如果還有一天時間讓自己冷靜下來，他就不會自殺。就像神諭上說的，也許他會對自己所受的傷害不那麼在乎。

在所有的決鬥中，有一點必須確定，即參加決鬥的人是否還能等待。假如不能等待，只要雙方都對自己說：「如果我要繼續活下去，那麼對方就必須立刻死掉。否則，就是相反的情況。」在這樣的情況下，一場決鬥的發生就是合情合理的。 ——《人性的，太人性的》

　　仔細想想，我們就是在等待中長大、成熟的。即使小時候心急如焚地想要長大，但是時光還是一秒一秒地在走；即使迫切希望自己遇到對的那個人，但還是在用最好的姿態耐心在等

待；即使希望可以早些成功，做得風生水起，給長輩和家庭一個安穩的保障，可是還是要慢慢來。欲速則不達，這個道理我們都懂得。

人的一生就是在等待中度過，等待陌生人變成熟人，等待家人平安回家，等待朋友對自己的認可，等待一份感情，等待一個人。我們一直在等待著想要等待的，等待讓一切在等待的變成現實。

良好的心態可以使等待由一件焦慮複雜的事情變得簡單，很多事情如果換一種方式去處理，也許會收到不一樣的結果，願意等待，就用等待給自己和對方更多思考的空間，讓人有更多解決問題的方法；用等待讓自己的那一顆浮躁的心變得平靜，讓自己在平靜中學會等待，等待可以避免一場不必要的爭論，讓自己學會利用理智來面對衝動。這時的等待，除了涵養和素質，包含的更多的是那份深深的愛。

等待是聰明人的一種聰明的做法，利用等待讓自己更加成熟，讓自己變得穩重和淡定，讓自己在等待中學會認清本來急急忙忙看不清看不透的人。

等待很簡單，它需要的只是耐心，有耐心的等待，可以讓一個人變得沉穩，不再急功近利，不再急於求成。男人的等待給對方留下很好的印象，認為你靠得住，有安全感，願意託付終身；而女人的等待會使男人覺得是一種罪過，讓一位女士等

待自己是榮幸又罪過的事情，他會變得更加憐惜你，認為你是一個知性、溫柔、體貼的人。

　　等待的感覺是甜蜜漫長又幸福的，給自己時間等待也是給別人時間等待，讓自己在等待中積澱沉靜，讓幸福在等待中悄然而至。

不要忽視環境的影響力

看到罪犯被處決總是比看到謀殺還不舒服，為什麼？
因為法官的冷酷無情，人們也認識到，這個罪犯將被用作工具而嚇唬別人。
即使罪犯有過失，那也是教育者、父母、周圍的人的過失，他只是代替他們受懲罰。
也就是說，現在他被殺的結果，並不在於他，而在於我們。我指的是造成兇手的環境。

　　　　　　　　　　　　　　——《人性的，太人性的》

中國有句古語說得好：「時勢造英雄」，時勢者，環境也，英雄者，人也。

《太子少傅箴》中有言：「近朱者赤，近墨者黑。」意思是說，靠近朱砂容易變紅，靠近墨容易變黑，也說明了環境的影響力不容忽視。生活的環境如同一個大染缸，選擇顏色是非常必要的，不能輕視人群和氛圍對一個人的影響力。

而這種環境的影響力在我們的日常生活中也很常見。

比如當我們走進飯店用餐的時候，如果這家飯店的裝潢設計新穎獨特、服務人員熱情周到、衛生條件良好，那麼我們吃飯時就會食欲大增，用餐愉快。而如果我們走進的這家飯店裝修十分普通，看起來沒有那麼乾淨，桌椅橫七豎八顯得非常凌亂，那麼再精美的菜肴，再高級的食品也難以提起食欲。這就是證明環境影響力最簡單的例子。

荀子教導後人：木受繩則直，金就礪則利，可見環境對事物的影響在古代就不可低估。

一個人倘若想取得成功，除了天時、地利、人和的因素，一個人本身的能力也很重要，而對這個人本身能力的影響，跟他所處的自然環境和人文環境是密不可分的。

像家庭對一個孩子成長的影響，甚至取決了孩子以後的道路和價值觀；學校對一個學生的影響，直接取決了學生的人生觀；社會對一個人的影響，更是不可估量，社會可以毀了一個

人，也可以成就一個人。關鍵就看你選擇的環境是怎麼樣的。

孟子小的時候非常貪玩。他的家原來住的地方靠近一片墳地，等到時間久了，耳濡目染，他就常常玩築墳墓或學別人哭喪的遊戲。

孟母認為這樣對孩子的成長不好，於是就把家搬到集市裏，集市裏人來人往，叫賣聲不絕於耳，於是孟子又模仿別人吆喝做生意和模仿殺豬的遊戲。

孟母覺得這樣也不好，於是又就把家搬到了學堂的附近。孟子就跟著學堂的教書先生學習念書識字，孟母知道了很高興，這才是她想要的結果，就決定不再搬家了。

這就是歷史上著名的「孟母三遷」的故事。孟子從此改掉了從墳地裏和集市上沾染的壞習慣，專心讀書，發憤用功，終於成為一代大師，被後人尊稱為「亞聖」。

「狼孩」的故事曾經轟動一時。在「狼孩」剛被發現的時候，生活習性與狼一模一樣，白天睡覺，晚上出來活動，用四肢爬行，只知道餓了找吃的，吃飽了就睡，只吃肉不食素，怕火、光和水，不會講話，像所有的狼群一樣，每到午夜後引頸長嚎。「狼孩」的事實，更加地證明了環境對人的影響力是何等重要。

鳥隨鸞鳳飛騰遠，人伴賢良品質高，與君子交，如入芝蘭之室，久而不聞其香；與惡人交，如入鮑魚之市，久而不

聞其臭。

　　選擇生存環境，選擇人文環境，選擇你要相處的人，會對一個人的成功有很大的幫助，假如你不希望成功，那麼，獨善其身、涵養自身也是好的。畢竟人不是荷花，沒有那麼多人可以高難度地做到「出淤泥而不染，濯清漣而不妖」，不要試圖去挑戰環境的影響力，如果反被影響，就顯得有些賠了夫人又折兵了。

　　在現實的基礎上，勇敢地去選擇你嚮往的環境吧。假如你嚮往自己，就去你想去的地方練練心性；假如你嚮往都市，那就投身都市，在這座城市安身定家；假如你嚮往冒險，那就去克服所有路上的阻撓，衝向成功之路吧！

　　或許，那時的你，也會給自己愛的人營造一個不錯的環境，這是一個人最值得驕傲和自豪的。

別人愈是暴跳如雷，
你愈是要冷靜平和

我們要小心謹慎應對，處於暴跳如雷狀態下的人，就像面對一個試圖謀殺我們的人一樣。

我們之所以還活著，是因為沒有殺人的權力。如果目光就能殺人，那我們早就完蛋了。

暴跳如雷的人，是想通過顯示體力上的野蠻，來激起對方的恐懼。

——《人性的，太人性的》

　　一般情況下，在我們聽到別人對我們發怒的時候，我們總是表現得比別人更加憤怒，忍不住反駁他。這樣就會使雙方都陷入情緒的泥潭，難以自拔，不可開交。也有種情況是別人故意惹你發怒，因為一個人在暴怒的時候理智幾乎為零，做事不經過任何思考，自然就會犯下不可挽回的錯誤，而這些錯誤是

你在冷靜情況下根本不可能犯的，這時對方的目的就達到了，這樣的情況就會向有利於對方的方向發展，正逐了對方的心。所以，當你在暴怒前，盡量讓自己保持冷靜，給自己時間和空間思考，不要輕易就中了對方的圈套。

培根曾說：「憤怒，就像地雷，碰到任何東西都一同毀滅。」憤怒從來就不是一件好事，一旦憤怒起來，所有的情緒都會失控，連理智都失去了，為了避免這種情況發生，就得學會忍耐淡定，用一種心平氣和的心情來解決問題，多一份情緒，就少一點失誤，多一份理智，也就少一點後悔。

如果真遇到了實在是不可理喻的人挑釁、衝撞，相信我，無視他是對他最狠的報復，根本就犯不著跟他發生口角、據理力爭。

美國的石油大王洛克菲勒在接受一個案件受審的過程中，顯得非常的冷靜從容，在面對對方律師幾乎粗暴的咆哮詢問中，仍一直保持著一種不動聲色的狀態，洛克菲勒這個狀態使得對手更加發怒失控，從而說漏了嘴。

洛克菲勒的冷靜使他不費吹灰之力就贏得了這個官司，沒有使對手的陰謀得逞。

對方律師很粗暴地對他說：

「洛克菲勒先生，我當堂要求你把那天我寫給你的信拿出來公諸於世。」

大家都知道，這封信裏面有很多關於美孚石油公司的隱私機密，而坐在他對面的這個律師根本就沒有資格來問這件事情。

但是洛克菲勒並沒有任何的反駁和表示，連眉頭都沒有皺一下，只是靜靜地坐在自己的座位上一動不動。

「對方律師口中所說的那封信是你接收的嗎？洛克菲勒先生。」法官開始發問。

「我想是的，法官大人。」

「那麼那封信你回覆了嗎？」

「我想我沒有，法官大人。」

這時，法官又拿出許多別的信件出來當場宣讀。讀完之後又問洛克菲勒：「你非常確定這些信件都是你接收的嗎？」

「我想是的，法官。」

法官追問他：「那你說你有沒有回覆那些信件呢？」

「我想我沒有，法官。」他仍然一動不動。

「那你為什麼不回覆我的信件呢？你難道不認識我嗎？」對方律師坐不住了，開始插嘴。

「當然，我想我從前是認識你的。」他面對對方律師的情緒起伏，還是沒有表示，一副事不關己的樣子。

這時候對方律師心情已經壞到了極點，洛克菲勒的態度更使他有被藐視的感覺，他甚至開始有些暴跳如雷了，而洛克菲勒卻還是坐在那裏絲毫不動，全庭鴉雀無聲，除了對方律師的咆哮聲。

就是因為對方律師情緒失控，一不小心就把真相說了出來，被法官聽到，當場宣判了結果。

對方挫敗不已，而洛克菲勒不僅贏得了官司，還在美國人眼中，留下了一個很優雅的形象。

其實在法庭詢問的過程中，對方律師的態度已經是常人所不能忍受，他的言語和語氣明顯的懷有羞辱和攻擊的意味，可以想像出當時洛克菲勒的心情有多麼的糟糕和生氣，試想當時假如他被激怒並且跟對方律師發生衝突，恰巧就掉進了別人的陷阱裏。可是他沒有。

發怒只會給一個人帶來不利，當你對面站著一個怒不可遏的人正對著你挑釁攻擊的時候，先不要急著應戰，給自己一點點時間想想，假如你也爆發情緒之後會有什麼影響，會造成怎樣不可挽回的局面。

當你在清醒的時候知道發怒對你的利益有所損害時，最好

及時的約束自己，不管這種約束需要多大的自制力。

在你不動聲色的時候，有些別有用心的人會故意使用一種老套的「激將法」，別看這招古老，卻往往使人就範。很容易就刺激到了你的情緒，讓你失去理智，暴跳如雷，從而達到他想要達成的目的。

很多吃過這方面虧的人都給出了這樣一個忠告：那就是不要因為別人的發怒導致你的心情不好、情緒不穩定，相反，此時恰恰就是你最該保持心平氣和的時候。別人沒資格左右你的情緒。

一個人漸漸成熟穩重之後的最大表現就是可以控制自己的情緒，當然這並不是與生俱來的，畢竟每個人都有七情六欲，這樣的功力都是靠後天慢慢累積修煉的。經歷過、體會過、吃過虧，這種教訓才尤為深刻。

當你想發怒的時候不妨從一數到十，再騰出時間來想想後果，等到回頭你想生氣的時候，對方早就被你的冷暴力氣得吹鬍子瞪眼了，看到他的那副樣子，估計你就只有偷笑的份了。

不要讓那些試圖激怒你的人得逞，也不要讓那些想要看笑話的人得逞，就這樣，遇事冷靜沉默，懶得開口就無視他，這比跟他吵一千句的效果都管用。

學會理性地操控自己的情緒，做一個淡定的人。

最大的危險是放鬆警惕

> 最容易被車撞到的時候，就是躲過第一輛車之後。
> 同樣，無論是工作中還是生活中，最危險的時候，往往就是在你處理好問題與糾紛，放鬆警惕之時。
>
> ——《人性的，太人性的》

所有的商業精英都明白一個道理：最大的危險就是放鬆警惕。所以他們從不鬆懈，即使是在慶祝成功的時候。他們深知安逸舒適背後的致命危險。

比爾·蓋茲告訴自己的員工：「微軟離破產永遠只有十八個月。」百度的老總李彥宏總是不忘時時告誡大家：「別看我們現在是第一，但是如果你們三十天停止工作，這個公司就完了。」

不要以為金融危機過去了，我們就可以鬆一口氣，暫時休

息休息，那是因為我們看不到這背後潛藏著更大的危機，等到危機來臨的時候，措手不及的慌亂才是最後的難堪。

地震、海嘯、颱風、火山爆發……曾經傳說二〇一二年是世界末日，雖然事實證明這是謠言，但是諸多現實還是令人生畏。或許世界末日不會真正到來，但災難和危機卻無時無刻地潛伏在我們身邊，我們每個人都必須有強烈的危機預防意識，時時刻刻保持警惕，才能在危機或災難來臨時從容不迫、應對有方。

哈佛商學院教授理查‧巴斯卡有句名言很有道理：「在廿一世紀中，沒有危機感是最大的危機。」最危險的地方就是最安全的地方，反之，最安全的處境也是最危險的處境。

就拿尼采的比喻來說，當我們行走在馬路上，忽然對面疾馳而來一輛車，你迅速作出反應，於是有驚無險這輛車與你擦肩而過，這時你只顧著拍拍胸口，安慰自己：「嚇死我了！還好沒事。」在你完全放鬆，以為自己倖免於難的時候，後面又出其不意地駛過一輛車……

所以不管我們是在什麼處境中，都要不斷的提醒自己，危機時刻潛伏在四面八方。內心的危機感，通常能夠使我們爆發驚人的膽量，是勇氣的重要來源之一。

最大的危險永遠是你肉眼看不見的，不要因為自己看不見就認為它不存在，什麼最可怕？風浪不足懼，平靜才最可怕！

時時刻刻保持自己的警惕，在放鬆中也帶有警惕，做到放鬆警惕兩不誤，也可以給自己高度緊張的神經鬆口氣，但是千萬不要貪圖享受，只有這樣，你才可以立於不敗之地。

承認自己的局限吧

我們通過自己的經歷來判斷自己的人生是長是短，是豐富是貧乏，是充實還是空虛。

但，受限於肉身，我們沒有千里眼，所能看到的地方總是有限的。我們的耳朵，不能聽到所有聲音。我們的雙手，也不能觸摸到所有的東西。

可我們還是會根據自身的經驗和主觀性，來擅自判斷事物的大小、硬軟。我們沒有意識到，因為自身的局限性，我們的判斷也會出錯。這便是人類無法擺脫的宿命。

——《曙光》

由於地域不同、文化背景各異，再加上個人能力的不同，偶爾說一說：「我不明白」、「我不太清楚」、「我不是很理解您的意思」、「我不知道」之類的話，會使對方覺得你富有人情味，真誠可親。相反，不懂裝懂，則會引起人家的反感。

　　在演講會上，有人提出問題等著看美國加州著名教授出醜，但是他卻坦然地對大家說：「我不知道。」就是因為這句「我不知道」，台下響起了經久不息的掌聲。

　　著名的心理學家邦雅曼・埃維特指出：那些動不動就喜歡說「我知道」的人，實際上在人際交往的過程中是不被喜歡的；而那些敢於說「我不知道」的人，顯示的則是一種富有想像力和創造力的精神，給人以謙遜的風度。埃維特認為如果我們勇於承認自己某方面的不足和無知，那麼我們的生活方式就大大改善。

　　在與人交談的時候，什麼都可以談。但是對於你所不知道的事情，要留心的避免它或者乾脆承認，誰都知道沒有人是十全十美的，沒有人要求你是百科全書，即使你已經是一個學富五車的人。

　　冒充內行，是一種自欺欺人的虛榮心理，也會令別人心生反感，所以坦白承認你對於某些事情的無知、不知道，這並不是一種恥辱。相反地，這會使別人認為跟你的談話是十分愉快，值得參考的，因為這些語言成分裏沒有浮誇、沒有虛偽。

《兩小兒辯日》中，那兩個小孩子問孔聖人，太陽是中午離我們近還是傍晚離我們近時，孔子竟然一時啞口無言，因為他自己也不知道答案。

　　兩個小孩子竟將孔子難住了，但是孔子並沒有掩飾假裝自己知道，而是大方地承認了。也正是由於這份真實和敢於承認自己的局限，孔子才更加受到歡迎。

　　不要怕暴露你的缺點，不要羞於承認自身的局限，有時直面它會使人覺得你更加誠實可信。

　　哈佛大學教導學生：世界本不完美，人生當有不足。沒有遺憾的人生才不完美，沒有缺點的人不能稱之為人，對於每個人來講，不完美是客觀存在的，無需怨天尤人。

　　再優秀的人也有缺點弱項，再蠢再笨的人也有自己的優點和吸引人的地方。對自己的局限性要勇於承認，才使你顯得更加真實，也會烘托出你的長處。

　　如果把人生比作是一次跳高，那麼在起點處，只有蹲得深，才能跳得高。敢於承認自己的局限就是這樣一個低姿態，這才是智者之舉。倘若死要面子，放不下架子，始終不肯彎腰低一低頭，你就不可能跳得比別人高。

克服內心的膽怯和恐懼

「前面已經沒有路了。」這樣一想，前面原本在的路，也消失不見了。

「危險！」這樣一想，內心立即惶恐，失去安全感。

「就這樣結束吧。」這樣一想，你的一隻腳就放棄了前進，選擇了終點。

「怎麼辦呢？」這樣一想，你就會手足無措，以致錯失最好的方法。

總之，膽怯就意味失敗。

對手太強，困難太多，狀況不好，扭轉敗局的條件尚未齊備……這些都不是你失敗的原因。

唯一的原因是，你膽怯了，恐懼了，退縮了。

——《玩笑、欺騙與復仇》

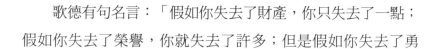

歌德有句名言：「假如你失去了財產，你只失去了一點；假如你失去了榮譽，你就失去了許多；但是假如你失去了勇

敢，那麼你就失去了一切。」

所謂的恐懼心理，是在真實或想像的危險中，個人內心處在一個受到強烈壓迫的感情狀態，多數是自己給自己附加的心理負擔。

不少人都玩過高空彈跳的遊戲，在跳下去之前，每個人都會心存恐懼，可是在你一閉上眼睛，一狠心往下跳了之後，並不像自己當初想的那樣恐懼。生活中也是一樣，如果你能夠嘗試著向前走，不被艱難和黑暗嚇倒，你就會發現，其實並沒有那麼可怕。

《法句經·述千品》有云：千千為敵，一夫勝之，未若自勝，為戰中上。意思是說面對著千軍萬馬，一個人就能戰勝，那麼這個人自然是猛將，但是一個可以戰勝自己的人他一定會是元帥。是啊，最大的敵人就是我們自己，只要能夠戰勝自己內心的恐懼和膽怯，就會百戰不殆，獲得真正的成功。

想要克服自己內心的恐懼和膽怯，就必須面對它，逃避只會助長它們在你心中的邪惡力量。只有你天天面對它，一直到有一天看見它時感到麻木了，那麼你就戰勝它了！

其實，人人都是天生的冒險家。根據研究指出，人類從出生到五歲之間，即生命開始的前五年，是冒險最多的階段，學習的能力遠比往後數十年更強、更快。試想，一個不到五歲的幼兒，整天置身於從未經歷過的環境中，要不斷地自我嘗試，

學習如何站立、走路、說話、吃飯等等。這個階段的幼兒，無視跌倒、受傷，一切冒險皆視爲理所當然，因爲如此，幼兒才能逐漸茁壯成長。反而是當人年紀越大，經歷過越多事情，就變得越來越膽小，越來越不敢嘗試冒險。這是爲什麼？

這是因爲，在不斷的嘗試後，大多數人根據過往的經驗得知，怎麼做是安全的，怎麼做是危險的。如果貿然從事不熟悉的事，很可能會對自己產生莫大的威脅。所以，年紀越大的人通常越討厭改變，喜歡安於現狀，因爲這樣比較安全。

行爲學家把這種心態稱爲「穩定的恐懼」，因爲害怕失敗，所以恐懼冒險，結果「觀望」了一輩子，始終得不到自己想要的東西。殊不知，凡是值得做的事多少都帶有風險。

萬事開頭難，一定不要被這第一步嚇倒，越看似不可能的事，你越膽怯，它就會變得越不可能實現。只有勇敢地邁出第一步，以後的路才會走得輕鬆自如，才會越走越寬。其實，戰勝內心的恐懼和膽怯也並不像你想像的那麼難。

一、直面內心的膽怯

越掩飾越不安，越不安越膽怯，倒不如坦蕩蕩地笑著承認：我好緊張啊！害怕出醜。即便心中再緊張，也不要試圖掩飾，否則只會增加更大的心理壓力。公開地袒露心中的膽怯，這樣倒可以一點點釋放緊張的心情。

二、正確看待你膽怯的東西

羞於承認、不敢面對、不敢直視人的眼睛、不敢大聲講話，這種膽怯是當眾怕羞的心理。關於這點，卡內基用自己的經驗告訴大家：你就假設聽眾都欠你的錢，正要求你多寬限幾天呢，你是神氣的債主，根本不用怕他們。這樣一來，不僅可以克服自己膽怯的心理，而且有助於建立勇氣和自信。因為當眾說話是克服自己膽怯的最直接有效的方法。只要那種恐懼一沖淡，你就可以大膽開口說話了。

三、放鬆心靈

Take it easy，這事沒你想像的那麼嚴肅和嚴重，不要恐懼它，它僅僅是一件事，而你是可以操控它的主人。不要反被它左右，它是死的，你是活的，這樣想著就會放鬆許多，也就不會出現手心出汗、臉紅結巴的現象，更不會因為恐懼膽怯而四肢發抖了。

有句話說得好：真正的恐懼只是恐懼本身！所以你不要怕，你需要克服戰勝的也只是你自己，這樣一來事情就變得簡單許多。不要給自己假設危險，也不要給自己增加壓力，戰勝自己，這些情緒自然而然就會煙消雲散。

在執行過程中修正你的計畫

制定計劃確實是一件讓人快樂的事情，因為總是伴隨著憧憬與快感。比如計畫一份長期的旅行計畫，比如想像自己未來家的模樣，比如為了成功而制定一項精密的工作計畫，比如制定一份人生規劃等。我想，這些充滿了夢想的激情與希望的火種的工作，無論哪一個都會讓人心中激動不已。

但是，我們的人生不會只停留在制定計劃的快樂和滿足裏，不能為了制定計劃而制定計劃。計畫是用來執行的，只要我們還活著，就得為實現自己的既定計劃，或者別人的計畫而忙碌奔波。

計畫的執行不會是一帆風順的，總會遇到各種各樣的障礙，無數的憤懣和不計其數的失敗，是按照原計劃一個個克服？還是中途放棄？

最好的辦法就是一邊按照原計劃開始執行，保持目標不變，一邊根據實際情況修改完善原計劃。如此一來，不但計畫可以適時適地完成，而且人也可以變得自在輕鬆。

——《意見與箴言》

正所謂沒有一成不變的計畫，同理，也沒有一成不變的方法，而且計畫趕不上變化，世界上沒有什麼事情是一成不變的，所以我們的思維更要比這些事情快，解決問題的方法也就因此需要不斷地被修正、改善、完善，不斷地提高，不斷地尋求更好更快更適用的方法。

當然，這裏的修正並不是指頻繁的推翻、重建、而是在總體方向不變的前提下，根據計畫之外發生的變化，做一些小的必要的調整。靈活變通，適時地修正，這樣就可以少走彎路，提高工作辦事效率，更快的到達預定的目的地。

美國著名的哲學家、建築師及發明家巴克敏斯特・富勒曾用一個有趣的船舵來比喻計畫內的修正現象。他說在航行的過程中，船舵稍稍偏離了一個角度，那麼船就不會朝著船手預計的方向前進，而只是在原地打轉。此時他要是想抵達原定目的地，就需要適時回轉船舵，不斷地調整和修正航向。

這個道理在我們的工作中也同樣適用，我們不能因循守舊，要用修正的思維看待一切可能和不能預料的情況。不斷地根據變化確定自己所做的事情是不是正確的，不斷地根據實際情況做出相應的修正，而不是一再的盲目肯定自己，固執己見。如此才能到達目的地，哪怕中間耽擱了些時間，也不至於南轅北轍。

在我們執行計畫的過程中，也會遇到走偏的情況，這個時

候就要用我們的左腳來修改完善，才不至於偏離原本計畫的軌道太遠。

唯一不變的，就是變化。在實現目標的過程當中，當我們遇到種種沒有預測到的變化時，我們必須立即做出反應，調整自己以適應變化。

在前進的過程中，成功本就不是一蹴而就的，不可避免地會走許多彎路。人生的目標也是一樣，有些目標一時沒有辦法實現，就要結合實際情況進行調整修正，先把能抓住的東西抓住，再一步步穩紮穩打，通過不斷的制定階段性目標，最終實現自己的終極目標。

在實現計畫的過程中如果遇到意外情況，導致計畫不能正常進行，可以通過以下三個步驟使它回到原來的軌道上。

第一，修正計畫，而不是修正目標。

英國人有一句諺語：「目標刻在水泥上，計畫寫在沙灘上。」假如隨意更改目標，使之成為一種習慣，那麼我們會一無所得。目標一旦確立，絕不可以輕易更改，尤其是終端目標。可以修正的是執行目標的計畫方案、方法以及形式。

第二，修正目標的量。

三思而後行，不要輕易地壓縮自己的夢想，用來適應現

實。有一定保障的話，可以將目標量化，一步步來實現，而不是一味的妥協退讓。

第三，修正目標的達成時間。

不要將自己逼得太緊，從而導致系統崩潰。一天不行，改為兩天，一年不行，就多給自己一年。不急於一時的目標，要學會給自己鬆綁。

來到這個世上，就如同一支離了弦的箭，不可掉頭，我們只能選擇向前、向前、向前，最後達到自己的終點。歸宿對於每個人都不相同，成功失敗，幸福平淡，或者轟轟烈烈，或者寧靜致遠。但是我們都終究會抵達。

與箭不同的是，我們有選擇方向的權力，朝著自己既定的方向，出發吧！即使遇到阻礙，也要及時修正自己的行程，拐個彎，繞個路，或者走另一條路，不在那些阻礙面前乾耗，總歸是能到達的。

有耐心，越急躁越麻煩

> 急躁的人在面對事情時，總是喜歡在事情還沒結束時，就迫切做出多餘的言行舉止，導致感情破裂。因此，再普通的事情，在他們手中也都會變成麻煩事。
>
> ——《曙光》

「三十歲之前要做的事情」、「三十歲還不成功，你就沒有希望了！」中國人的思想常被「三十而立」絆得緊緊的，而絆住自己的人，就是那顆急功近利的心。

出名趁早、賺錢趁早、結婚趁早、買房趁早、升職趁早……越老越多的社會現象，令許多年輕人感到焦慮不安，大事上面事事擔憂，生活中的小事更是手忙腳亂。

現在的年輕人，就是在這種虛無縹緲的巨大壓力之下變得浮躁、不肯腳踏實地、做事沒有耐心，不但沒有達到預期成效

還常常鬧出笑話，甚至起到了反作用。

一位著名的推銷大師即將告別自己的推銷生涯，他受到社會各界的熱情邀請，在該市最大的體育館舉行自己告別職業生涯的演講。

消息一放出來，門票很快被一搶而空。演講那天，會場座無虛席，人們都翹首盼望著這位他們心中最偉大的推銷員做出最精彩的演講。

在眾人期盼中，帷幕徐徐拉開，舞臺的正中央吊著一個巨大的圓球，在這個圓球的上面還搭起了高大的鐵架。一位老者從幕後走了出來，他走到大鐵球旁邊站著，人們都很好奇地望著他，想知道他葫蘆裏賣的什麼藥。

兩位工作人員抬著兩個鐵錘走上來，老人這時對觀眾說：「有沒有身強體壯的願意上來臺上？」許多年輕人躍躍欲試。

眼疾手快的兩個年輕人已經衝到了臺上。

老人告訴他們兩個：「你們上來要做的事情就是，請你們用這個大鐵錘，去敲打那個吊著的鐵球，直到把鐵球敲到盪起來。」

一個年輕人想也不想，搶著拿起鐵錘，使出渾身解

數用盡全力向大鐵球狠狠砸去，響聲震耳欲聾，但是那個吊起來的鐵球卻動也沒動。這個年輕人不甘心，於是他就用大鐵錘接連不停地砸向鐵球，很快他就沒了力氣。

這時，另一個年輕人鄙夷地看著他說：「這都不行？我來！」他毫不示弱，接過大鐵錘把吊球打得叮噹響，但是鐵球依然紋絲未動。台下的吶喊聲漸漸消失，會場一片安靜，觀眾已經認定了誰敲大鐵球都不會動的，所以靜靜等待著老者給大家一個解釋。

老人不緊不慢地從上衣口袋裏掏出一個小錘，然後非常認真仔細地用小錘對著鐵球「咚」敲了一下，稍稍停頓一下，再一次用小錘「咚」敲了一下。人們奇怪地看著，但是老人並不急著解釋，依然是從容地持續著他的動作。

五分鐘過去了，十五分鐘過去了，半小時過去了，人們終於坐不住了，會場開始騷動起來，有的人憤然離去，剩下的人也在交頭接耳，場面十分混亂，但是老人仍然一錘一錘地敲打著那個巨大的鐵球，仿佛所有的事情都跟自己無關似的。慢慢地，人們也喊累了不再騷動，剩下的人們開始安靜下來。

大概在第五十多分鐘的時候，前排的一個婦女突然

大叫：「啊！大家看呐！球動了！」全場忽然變得鴉
雀無聲，人們聚精會神地看著那個吊著的鐵球。

它起初以很小的幅度擺動著，不仔細看根本無法察
覺，但是隨著老人一錘一錘的堅持，人們好像聽到
了小錘敲打吊球的細微聲。它在老人的敲打中開始
大幅度擺動，越盪越高，它拉動著那個鐵架子「咚、
咚」作響，它巨大的威力震攝著場上的每一個人。

終於大家爆發出一陣陣熱烈的掌聲，在掌聲中，老
人將自己的小鐵錘收到口袋中，緩緩轉過身來。他開
口講話了，但是只說了兩句話：「你們不是都想知道
我的成功秘訣嗎？那就是耐心。在成功的道路上，
假如你沒有耐心去等待成功的到來，那麼你只好用
一生的耐心去面對失敗！」

　　現實生活中，我們會由於工作的壓力過大出現焦慮不安，
煩躁等情緒，變得易怒暴躁，恨不能臉上寫著「生人勿近」。
為了積極的生活，改善這種狀態，就要自主地調整自己的情
緒，讓自己的浮躁沉澱下來，化為一種平靜，成為一種過渡。

　　誰都知道欲速則不達，失去耐心的人就等於失去了理智。
沒有了理性的判斷力，只剩那一股頭腦發熱的衝動，不平復自
己的躁動怎麼會獲得成功？

不管怎麼說，成功都是每個人渴求的，但是急功近利的心卻是不提倡的。現在社會上的大師泰斗商業領袖，哪個是毛毛躁躁的？哪個像是一個小孩子，爲了拿到糖果一直往前跑，也不管路障和陷阱？

對於成人來說，失去耐心是萬萬不可取的，耐心和堅持是成功的兩大要素。願意付出耐心才可以收穫，浮躁的時候停下來，放慢腳步，擦擦額角的汗，讓自己輕鬆輕鬆。

控制情緒是一種能力

將怒氣表現出來，就會給人急躁的印象。但我們可以選擇其他的方式來發洩怒氣，或者壓制住它，等它慢慢自己消退。

除了憤怒，其他情緒也是如此。我們要學會自由控制它們，就如同修剪家裏的花草，收穫果實一樣。

——《曙光》

當我們聽到升職加薪的消息的時候，第一反應一定是欣喜若狂，「哇！太棒了！」卻不會顧及到其他同事嫉妒和落寞的表情；當我們聽到自己被裁員的消息時，多數人就是脫口而出的質問：「憑什麼啊？這不公平！」卻不會回頭想想自己在工作中的表現。

　　這種情緒上的直接表現，會完全充分地暴露自己不說，也會招來他人的不滿，更重要的是顯得這個人很不穩重，不值得人所信任。

　　情緒的反應是我們對事物的一種最浮淺、最直觀、最不用腦筋的直接第一反應。我們每一個人都會有情緒，如果沒有，那就和草木沒有分別了。情緒總是存在，但我們不應該冒著危險，衝動而行事。

　　尼采在《權力意志》中寫道：「對情緒的盲目順從與遷就，乃是最大的不幸的根源。一個人的性格之偉大不在於他擁有這些情感，而在於儘管他擁有最強烈的情感，卻還能控制住自己的感情。」

　　那麼怎樣才能控制情緒，心平氣和地面對每一天？這當然比較難，但是時時提醒自己，在情緒來臨之後還沒做出反應之前，告誡自己，會有一定效果的。

　　情緒是伴隨著我們的思維產生的，情緒上或心理上的困擾

是由於我們的認知中那些不合理、不合邏輯的思維所造成的。不管是男人、女人，企業CEO還是普通職員，都不可逃脫情緒的包圍圈，喜、怒、哀、懼這四種人類的基本情緒，構成了豐富的情感元素及旺盛的生命力。可以這麼說，我們都是情緒的「奴隸」。

誰也不想做一個被情緒所奴役的人，那麼要怎麼樣才能反客為主呢？美國情緒管理專家帕德斯指出，平時鍛煉自己如何控制情緒的能力，養成自制的習慣，都有助於在情緒發作時，擁有更好的反應能力。

第一，及時體察自己的情緒。

情緒的衍生是非常自然地事情，可以控制，但是不宜過度壓抑。過度地壓抑自己的情緒反而會帶來更不好的結果，學著體會自己的情緒，是情緒管理的第一步。

第二，適當表達自己的情緒。

有情緒的時候，不要用最直接的方法宣洩出來，比如遭到同事誤會的時候，不應該大聲呵斥反駁他，這個時候應先使自己冷靜一下，禮貌地問他：「請問你有什麼證據呢？」再根據情況發展下去，否則不管事情真相是怎麼樣的，都會使同事們對你有所看法。

第三，以適宜的方式疏解情緒。

疏解情緒的方法很多，有些人會痛哭一場，有些人會找三五好友訴苦一番，有些人會逛街、聽音樂、散步或逼自己做別的事情，以免老想起不愉快的事。比較糟糕的方式是喝酒，甚至有了自殺的衝動。

我們要勇敢的面對，仔細想想，爲什麼這麼難過、生氣？我可以怎麼做，將來才不會再重蹈覆轍？怎麼做可以降低我的不愉快？這麼做會不會帶來更大的傷害？根據這幾個角度去選擇適合自己且能有效疏解情緒的方式，你就能夠控制情緒，而不是讓情緒來控制你！

有時候阿Q精神也是一種宣洩。看開點，實際點，凡事別想太多的後果，否則越想越煩惱。對某些事，把它想到最壞，並告訴自己「不過如此，還能怎樣呢？」這樣做反而在事情來臨的時候沒有你想像中的那麼糟糕，這時的負面情緒全部消失，取而代之的是正面情緒。

遇到糟糕的事情的時候，抱著沒什麼大不了的心態，情緒就變得很容易被控制，時間久了，情緒在自己的掌控之中，也就懂得如何最大程度的減少自己的負情緒了，這時心情也會因此而變得晴朗起來。

第六章

要做內心強大的自己

受苦的人，沒有悲觀的權利。
一個受苦的人，如果悲觀了，
就沒有了面對現實的勇氣，
沒有了與苦難抗爭的力量，
結果是他將受到更大的苦。

—— 尼采 ——

那些沒能擊敗你的，
都能使你更堅強

對於一個內在健全的人來說，疾病甚至可以成為生命
的有力、旺盛的刺激品。我就是以這種態度來看待我
長期以來的疾病的：我好像重新發現了生命，包括
「自我」。
就在我生命裏最低落的那幾年，我不再是悲觀主義
者：自我恢復的本能不容許一種貧乏和絕望的哲學。

——《瞧！這個人》

佛洛德指出，疾病成為尼采的宿命。而湯瑪斯‧曼更進一
步指出：「他的天命就是他的天才。但是，他的天才還有另一
個名字：疾病。」

在尼采短短四十多年的生命歷程中，胃痛，眼痛，持續的

頭痛，各種歇斯底里的症狀……整整折磨了他二十多年。

尼采曾對奧弗貝克寫信訴苦說：「我在熱那亞這幾年，即使是為了征服自我，也不是任何人能忍受的。」

他還補充道：「關於我肉體的折磨，其時間之久、程度之嚴重與變化之繁複，我敢說無人能及；而我精神上所遭受的折磨也與肉體不相上下。」

從尼采的描述中，我們可以想想他經受著怎樣的肉體折磨。但與眾不同的是，他知道怎樣把那些嚴重的意外事件變為對他有利的東西。他不僅沒有被疾病打倒，反而激發了他無盡的激情。在毫無規律的病痛中，他創作出了《查拉特斯圖拉如是說》、《善與惡的彼岸》、《偶像的黃昏》、《論道德的譜系》、《瞧！這個人》，這些被後世稱為偉大的作品。

這讓人想起了那位大洋彼岸的硬漢海明威，他在《老人與海》中寫道：「人可以被毀滅，但不可以被戰勝。」從西班牙戰場上回來後，海明威終其一生也是生活於病痛之中，而他依舊像西班牙鬥牛士那樣，倔強頑固，不可征服。

這也許就是強者們的命運，考驗是命中註定的。正因為這些考驗，激發了他們生命的潛能。

在非洲尼日特內雷地區的沙漠中，生長著一棵金合歡樹，該數有一千八百年的樹齡了，雖然主幹已彎

曲，樹身傷痕累累，綠葉也不多，但生命力旺盛，年年生枝發芽，是那裏唯一生存下來的一株植物，尼日人視其為「神樹」。

科學家曾對這棵樹進行過研究，發現那裏的氣候條件絕不適合金合歡樹的生長，沙漠終年乾旱，日夜溫差極大，天氣難以預測，幾分鐘前驕陽似火，幾分後卻忽然變成狂風暴雨，有時還夾帶冰雹、風沙。在如此惡劣的環境中，這棵「神樹」居然能夠存活，而且活了上千年，確實是奇蹟。

要知道即便是在適合生長的環境中，合歡樹的樹齡也不過百年而已。那麼這棵樹是如何「創造」出這番奇蹟的呢？答案就是這惡劣的環境。

科學家預測，這棵「神樹」生長的初期，不斷遭受環境所帶來的生存環境的挑戰，這些挑戰在給它的成長帶來挫折的同時，也加深了它抵禦挑戰的能力。

人生就像這棵金合歡，不經歷過磨練就沒有免疫力。在生活中，我們也都會遇到泥沙亦或是狂風暴雨。這些磨礪與痛楚，或許會成為我們心中的暗礁，可當你敢直接面對以後，你會發現曾經的暗礁、傷疤更會讓我們的生命之河流得更遠、更寬闊、更洶湧澎湃。

經歷過蹉跎打磨的璞玉，才能璀璨奪目。而一帆風順的船隻只能安全抵達彼岸，人們不會覺得這是一支勇猛的船隊。

巴爾扎克曾經說過：「挫折是塊磨刀石。再鋒利的刀一直不用，也會變得鈍。」只有不斷的經歷挫折與磨難，並且在這種環境下生存下來，在困難中修煉，才能讓你具備在更遼闊的天空裏翱翔的能力。

或許，從我們出生，哭出了人生的第一聲時，我們就已經意識到生命中充滿磨難艱辛，但是也唯有這些磨難才顯出生命的可貴與不凡。一如挫折遭遇之時，或許感到痛苦，但正因爲有了它，我們才能更加堅強勇敢。每個人承擔磨難的心境不同，唯有經過磨練的生命，才有堅強的生命力。

國學大師梁漱溟說：「沒有志氣的人，沒有成敗可說；有志氣的人，沒有經過二三十年奮鬥不懈的閱歷，也不會懂得成功與失敗是怎麼一回事。成功是什麼呢？成功是巧，是天，不是我。失敗是什麼呢？失敗是我，是我的錯誤，我有缺漏。」

每一次逆境的到來都伴隨著不可名狀的痛苦。或許陷入磨難的人會痛苦沮喪、焦灼迷茫、失去信心、質疑自己、束手無策或一蹶不振，但是只要它沒有殺死我們，我們就會像是雨露風霜之後的種子，浴火後的鳳凰，涅槃重生。

是不是有很多我們認爲咬緊牙關也過不了的關頭？那時的我們害怕、惶恐，甚至不敢面對，可是現在我們竟然都一步

步走過來了，完好無損的同時，又堅強了許多。那麼多當時你覺得快要要了你的命的事情，那麼多你覺得快要撐不過去的境地，都會慢慢地好起來。哪怕再慢再艱難，只要你願意等待、願意面對，都會過去的。

尼采有句名言：**「那些沒有把我摧毀的東西，都使我更加強大。」**你現在雙腳踏實，頂天立地，即使滿身荊棘，但是你的腳步比任何人邁得都穩。人生為棋，我願為卒，行動雖慢，可誰曾見我後退一步！

受苦的人，沒有悲觀的權利

受苦的人，沒有悲觀的權利。一個受苦的人，如果悲觀了，就沒有了面對現實的勇氣，沒有了與苦難抗爭的力量，結果是他將受到更大的苦。
　　　　　　　　　　　　　　　　　　　　——尼采

有句話說得好：「要想征服世界，首先要征服自己的悲觀情緒。」

「去留無意，閒看庭前花開花落；寵辱不驚，漫隨天際雲卷雲舒。」既然悲觀於事無補，何不用樂觀的態度來看待人生呢。悲觀是瘟疫，樂觀是甘霖，悲觀產生平庸，樂觀產生卓絕。悲觀蒙住你的雙眼，讓你無法前行。

樂觀看待，你會發現「青草池邊處處花」，「百鳥枝頭唱春山」。悲觀看待舉目只是「黃梅時節家家雨」，低眉即聽「風過芭蕉雨滴殘」。人生何處無風景，保持樂觀看遍天上勝景，覽盡人間春色。

美國現代成人教育之父卡內基，碰到過一個滿臉微笑卻沒有雙腿的人。

班・福特森微笑著告訴卡內基：

「事情發生在多年以前，我砍了一大堆胡桃木的枝幹，準備做我菜園裏豆子的撐架。我把那些胡桃木裝上車正準備開車回家，突然間，一根樹枝滑到車上，卡在引擎裏，恰好是在車子急轉彎的時候。車子衝出路外，把我撞在樹上。那年我才廿四歲，雙腿被截肢了，從那以後就再也沒有走過一步路。」

卡內基問：「那你怎麼能夠接受這個殘酷的事實？」

他說：「我以前並不能這樣。」他說他當時充滿了憤恨和難過，抱怨自己的命運。可是一年年過去，他終於發現憤恨使他什麼也做不成，只會產生對別人的惡劣態度。

「我終於瞭解到，」他說，「大家對我都很好，很有禮貌，所以我至少應該做到的是，對別人也有禮貌。」

卡內基又問：「經過了這麼多年以後，你是否還覺得碰到那次意外是一次很可怕的不幸？」

班•福特森很快地說：「不會了。」他頓了頓說，「我現在幾乎很慶幸有過那一次事故。」

他告訴卡內基，當他克服了當時的震驚和悔恨之後，就生活在了一個完全不同的世界裏。

他開始看書，對好的文學作品產生了興趣。書本為他打開了一個嶄新的世界，他的目光和思想一下子豐富多彩起來。最重要的是，他學會了思考。

班•福特森說：「我能讓自己仔細地看看這個世界，有了真正的價值觀念。我開始瞭解，以往我所追求的事情，大部分實際上一點價值也沒有。」

遭遇不幸，自怨自艾、抱怨他人，都徒勞無益，只會讓你在痛苦中越陷越深。世界首富比爾・蓋茲曾說：「在你成功之前，沒人會顧及你的感受。」受苦的人，沒有悲傷的權利。

消極的心很多時候就像一劑慢性毒藥，吃後會讓人意志消沉，失去前進的動力。而當一個人有積極的心態，那他眼中的世界就會大不一樣。就算自己每天吃泡麵，就算自己懷才不遇，就算自己的人生不盡如人意，但一個正確的心態卻能改變他對世界悲觀的想法，他的世界還是會充滿光明和希望。

不要埋怨生活給了你太多的壓力，也不必抱怨前進的仕途上有太多的曲折，不經一番風霜苦，哪得梅花撲鼻香。大海要是沒有了洶湧的波濤，就會失去其壯闊；沙漠如果沒有了飛沙的狂舞，就會失去其壯觀；人生如果僅求得兩點一線的平淡度日，生命也就失去了其存在的魅力。

第二次世界大戰結束後的德國到處是一片廢墟。

美國社會學家波普諾在訪問德國期間，曾到一戶住在地下室裏的德國居民那裏進行採訪。

離開那裏之後，同行的人問波普諾：「你看他們能重建家園嗎？」

「一定能。」波普諾肯定地回答。

「為什麼回答得這麼肯定呢？」

「你看到他們在地下室的桌上放著什麼嗎？」

「一瓶鮮花。」

「對。」波普諾說。

「任何一個民族，處在這樣困苦的境地，還沒有忘記愛美，那就一定能在廢墟上重建家園。」

　　在廢墟之中始終裝載著充滿希望的生命之花，這是多麼讓人敬佩和振奮的事情。人生到底是上升還是下墜，完全取決於我們如何去看待這個人生，倘若在遭受打擊之時，仍然能夠體會到生命的美好之處，找到象徵生命的希望之花，那麼你就一定能夠走出人生的沙漠，找到屬於自己的綠野山泉。

　　樂觀的人拿到一個檸檬，會說：「我可以從這件不幸的事情中學到什麼呢？我怎麼樣才能改善我的狀況，怎樣才能把這個檸檬做成一杯檸檬汁呢？」而悲觀的人卻正好相反，要是他發現命運只給他一個檸檬，他就會自暴自棄地說：「我完了。這就是命。我沒有任何機會。」

　　失敗和挫折是暫時的，只要你敢於微笑；誤解和仇恨是暫時的，只要你達觀代之。風雨欲來春花凋落，憑欄眺望，陽光總在風雨後。

把絆腳石變成墊腳石

不斷努力追求、探索，直到筋疲力盡，卻處處受到阻礙，結局常常不如人願，那不妨換一個角度來看自己的付出吧。

不管做什麼都難以成行，那就反過來利用風的力量吧。揚起帆，讓風為你服務。 ——《玩笑、欺騙與復仇》

人生旅途有陽光有陰霾，有成功有失敗。當挫折、困境、坎坷來臨時，你怎樣面對，它是你的絆腳石還是墊腳石？巴爾扎克曾說：「世界上的事情永遠不是絕對的，結果完全因人而異，苦難對於天才來說是一塊墊腳石。」

在巴西的一個貧民窟，有一對很不幸的小兄弟，父親在他們很小的時候就去世了，母親整日不是吸毒就

是賭博，不管兩個孩子的死活，後來因搶劫入獄。兄弟倆為了生存就去撿垃圾。每次撿完垃圾得來的錢，哥哥不是去大吃一頓就是去賭一把，而弟弟則十分珍惜這筆錢，從不亂花。

由於長期在賭場廝混，哥哥和一群狐朋狗友在一起，打架、鬥毆、吸毒，成了名副其實的壞孩子。而弟弟則發奮讀書，白天聽課，晚上去餐館打工，還嘗試寫文章。

十年後，哥哥也因為搶劫而入獄，弟弟卻則成為了一名報社的記者。

一次，一名記者去監獄採訪哥哥，記者問他為什麼會成為現在這樣，他說是兒時的苦難讓他抬不起頭。而去採訪弟弟，弟弟的回答和哥哥如出一轍，同樣也是兒時的苦難。

記者不解，問：「你們從小到大，都受了一樣的苦難，為何結果如此不同？」

弟弟說道：「兒時的苦難就像一塊巨石壓在我們胸口，不同的是，哥哥始終把它壓在胸口，看不到藍天。而我則把它放在了腳下，踩著它登上了人生向上的臺階。」

昔日西楚霸王項羽鉅鹿一戰定乾坤，破釜沉舟是何等的決絕。置之死地而後生，一戰成名何等的霸氣與威風，然至垓下被圍，四面楚歌，最後落得個烏江自刎，留下一聲長嘯，千年遺憾。假如當日渡烏江，江東本富饒，可韜光養晦，等待時機，來日問鼎天下也不是不可能，或許歷史就要改寫。

　　面對人生的挫折，你要相信這是上天給你讓你變得更加強大的機會，要好好把握珍惜。人生在世，難免要面對挫折與失敗，當你一次次失敗時是否心灰意冷？任何人的成功都不是偶然，都是經過千錘百煉，才有所成，除非命運剝奪你的生命，否則你又有什麼理由不堅強？失敗了，遇到挫折了，不應長吁短嘆，而應迅速找出解決的辦法。

　　眾所周知，有著一百五十多年歷史的雷曼兄弟控股公司，倒在了美國次貸危機引發的金融風暴裏。據報導，索羅斯於當年第二季把持有的對沖基金投資雷曼兄弟，因此至少遭受一億多美元的損失。

　　此外，索羅斯基金管理公司也買入了雷曼兄弟九百四十七萬股，約占百分之一點四的股份。據此推測，索羅斯的損失最多達三億八千萬美元。

　　在接受記者採訪的時候，索羅斯坦誠自己在二〇〇八年的投資策略上犯了一個大錯。

索羅斯說：「當我一覺得犯錯，馬上改正，這對我的事業十分有幫助。我的成功，不是來自於猜測正確，而是來自勇於承認錯誤。」

失敗猶如雙刃劍，雖然帶著破壞性的力量而來，但如果你能把它當作老師，它就會成為一種特別的祝福。

英國人哈樂德‧埃文斯曾有這樣一段精彩的論述：

「對我來說，一個人是否會在失敗中沉淪，最主要取決於他是否能夠把握住自己的失敗。每個人或多或少地都會經歷過失敗，因而失敗是一件十分正常的事情。你想要取得成功，就必得以失敗為階梯。總之，我想說的唯一一句話就是，失敗是有價值的。」

很多時候，並不是挫折、失敗死死地糾纏於我們，而是我們從不想辦法擺脫它，趕走它。事已至此，與其徒勞的抱怨、掙扎，不如學會從失敗中吸取教訓，在逆境中奮起，把絆腳石變成墊腳石，讓自己不斷成長。

在浩瀚的海洋裏有很多的魚類，魚有鰾，魚鰾產生的浮力，可以使魚在靜止時處在某一水層；此外，魚鰾還能使腹腔產生足夠的空間，保護其內臟器官，避免水壓過大，導致內臟受損，因此可以說是魚鰾掌握著魚的生死。

然而，就有一種魚沒有鰾，牠早於恐龍出現在這個地球上，一億多年沒有變化。牠就是有「海洋霸主」之稱的鯊魚，

牠以王者風範，強者之姿創造了無鰾照樣飛波逐浪的神話。

科學家經過研究發現，正是因為鯊魚無鰾，一旦鯊魚停下來了，身體就會開始往下沉，所以牠就只能依靠著自身的不斷運動，在水中游弋來保持自己的平衡，所以才練就了一副強悍的體魄。

鯊魚因自己的劣勢而不斷游動，練就了非凡的戰鬥力，從而一舉成為海洋食物鏈的主宰。當你遇到挫折困難，與其在那裏抱怨命運的不公，不如讓自己變成一條不停游弋的鯊魚，化短為長，讓它們成為自己攀登更高峰的基石。

不斷的挫折可以淬煉我們生命的彈性與耐力，把人生的暴風雨看成是對你成長的一種鍛煉，有了它你會更加強壯，通過這樣的方式，也許你會得到不一樣的結果。

批判並非一無是處

在沒有批判之風吹入的封閉空間裏，定會有腐敗與墮落產生。
批判之風吹在臉上，雖然很涼，但也可以使環境乾燥，防止邪惡的細菌繁殖生長。 ——《人性的，太人性的》

別人的批評，不管是否過分，只要你保持著一份耐心而且能夠合理的去對待，你就能夠有所收穫，善於接受別人的批評是成功者隱形的翅膀，許許多多有大成的人，都是因為這副隱形的翅膀而成功。

別人批評你，給你提出意見，你該如何對待？大部分人的第一反應就是為自己辯護，或更糟的是予以反擊。然而，當批判被看成是具有傷害性且不道德的同時，也可以從一個積極的角度去看待：批判是誠實的，而且可以激勵我們做得更好。

「偽君子」、「獨裁者」、「只比最低劣的殺人犯好一點點」、「美利堅的罪人」，這些批判性的冠名指向的不是什麼賣國賊、殺人犯，也不是侵略者，而是剛剛帶領美利堅人民戰勝大英帝國的華盛頓。甚至有一家報紙還在自己的頭版刊登了一幅漫畫，漫畫中，華盛頓正站在斷頭臺前，而劊子手正舉起大刀作勢要把他的頭砍下來。

面對著這樣的批評甚至侮辱，華盛頓是怎麼做的呢？華盛頓不但沒生氣反擊，反而泰然處之，將其看做是對自己價值的一種認可，他曾經和自己的國務卿富蘭克林說：「正是由於這些攻擊者的存在，才讓我意識到了自己的重要性，為了這些攻擊者，我也要做好自己。」

有人批評你，假如你的第一反應是對批判你的人予以反擊，或者變得充滿防禦性，請深吸一口氣，然後思考一下，你可以從批判中找到積極的一面。

林肯曾經被作戰部長愛德華・史丹唐稱為「一個笨蛋」。之所以稱林肯為「一個笨蛋」，是因為當時林肯簽發了一則軍令，調動了部分軍隊。他拒絕執行林肯的錯誤命令，在他罵完林肯笨蛋以後，林肯並未大發雷霆，而是很平靜地說：「如果

是史丹唐說我是笨蛋，我就一定是笨蛋，因爲他幾乎從未出過錯，我得去看看。」

他匆忙趕到史丹唐那裏，兩人進行了一番交流，林肯就此知道自己真的簽發了一項錯誤的命令，於是趕緊收回該命令。

培根說：一個人從另一個人的諍言中得來的光明，要比他從自己的理解力、判斷力來得更爲乾淨和純粹。人就像一株含羞草，一遇上外界的小小侵犯，就會把自己保護起來。其實換種角度，換一種思維去理解，別人的挑剔和批評，往往就是自己生活的一位導師，在批評面前選擇承認自己的缺點，選擇改變，從此你會與眾不同。我們更要虛心接受一些善意的批判，他們用另一種方式來幫你改正，這應該是最幸福的一件事了。

美國著名詩人惠特曼如是說：「難道你的一切只是從那些羨慕你、恭維你、和你站在一起的人身上學來的嗎？從那些反對你、指責你、阻擋你的人那裏學來的豈不是更多？」感謝那些批評你的人吧，有則改之無則加勉。西方諺語說：「恭維是鮮花的深淵，批評是防止你跌倒的拐杖。」

人都會犯錯，總要面對各種各樣的非議、批判。善意的批評，讓我們知道我們自身存在著哪些不足，以便逐步彌補和改掉，從而完善自己。羅卡說，「敵人的意見，比我們自己的意見更接近於真實。」面對批評，我們應該虛心的接受，小心的選擇，衷心的採納。

希望是生命之光

人不怕絕境，最怕失去了希望。失去希望，小小的挫折也
會變成人生的絕境。

生命就是翻越一座座山峰，你從山頂跌落到谷底，並不是
上帝有意對你的懲罰，而是為了讓你攀登另一高峰。也許危機
下，你一貧如洗，但這並不是絕望的谷底，冷靜下來，沿著泥
濘向前，你將會看到人生道路上的另一番風景，也將有一份意
外的收穫。

當年華納兄弟公司拒絕了雷根，結果，他後來當上了美
國總統；福特公司開除了艾科卡，結果艾科卡使克萊斯勒汽車

起死回生，並且因《反敗爲勝》一書而聲名大噪！希望是每個人不斷進取的動力，心懷希望的人爆發出的能量讓人敬畏。當我們遇到挫折，不妨想想那些比我們境遇還差的人吧，他們用「生命不止奮鬥不息」的高昂姿態來燃燒自己的生命，散發出流星般璀璨的光芒。正是心中的希望指引著自己走向生命的遠方，雖然面對著種種艱難險阻，但依然不會放棄心中夢想，懷揣夢想去遠行。

尼克‧胡哲，出生於澳大利亞，一個天生沒有四肢的人，在醫學上被稱為「海豹肢症」。但是他用殘障的身體創造了生命的奇蹟。

一出生便沒有四肢，但是他游泳、騎馬、足球樣樣皆通，在他看來沒有做不成的事。他擁有兩個大學學位，是企業總監。在二〇〇五年更是獲得了澳大利亞「傑出澳洲青年獎」，他的足跡遍佈世界。

剛出生時，父母都不敢相信他的模樣，但是他們並沒有放棄對兒子的培養，在他十八個月大的時候把他放進水裏，讓他有勇氣學習游泳。在他六歲時更是教他用腳打字。

但他那時心中一片灰色，對未來沒有一點希望。十歲時曾試圖泡在水裏自殺，但是由於他身體過輕並沒

有成功。

直到十歲那年，他在報紙上看到了一位殘疾人自強不息，給自己設定一連串偉大目標並且圓滿完成的故事。他受到啟發，隨之開始了自己的壯麗人生。

他從十七歲開始演講，向人們介紹自己不屈服命運的經歷，他的足跡到過三十五個國家和地區，並且幫助類似的人走出陰影。

人們經常會埋怨上帝對自己的不公平，但如果我們只記掛著想要擁有的或欠缺的東西，而不去珍惜現在所擁有的，那根本改變不了問題！

真正改變命運的，並不是我們的機遇，而是我們的態度。你不能放棄夢想，但是可以改變方向，因為你不知道在人生的拐點處會遇到什麼。失去希望的人就像海上失去燈塔的船隻，會在浩瀚無際的海洋迷失。

活著，看起來多麼簡單的兩個字眼，但在有的時候，卻是那麼的艱難。

在磨難逆境中，希望就是我們心中的那縷微光，它讓你一如既往地在黑暗中前行。當你困惑時，當你身處逆境時，就要不停跟自己說：只要希望不滅，就一定能擺脫現狀！

在惡劣的情形中，只要專注於尋找出路，相信自己必可跳

出這個困局，就會摸索到這個機會，把危機轉化為轉機。如果你被黑暗蒙蔽了雙眼，失去信念，放棄希望，那你就永遠逃不出黑暗的魔爪。

電影《飄》的最後一個場面，所有看過的人都會難以忘懷：南方軍在南北戰爭中失敗了，女主角郝思嘉失去了富麗堂皇的家園，失去了雙親，失去了愛她的白瑞德，失去了孩子——她失去了所有，她孤苦伶仃，一貧如洗，她在人生的途中彷彿又回到了起點。

然而，這個已經到了中年的女子，面對燒焦破敗的家園，在橡樹底下高喊：「土地，有了土地就有了一切。」她面對夕陽傲然立於大地之上……在那一刻，郝思嘉那顆經歷時代悲苦的心一定堅硬無比，是對未來的希望，讓她擁有了不屈不饒的生命力量！

人生的道路上，每個人都會遇到各種各樣不順心、不如意的事情，甚至突如其來的打擊。

苦難存在於每一個個體的生命之中，既然苦難是不可避免的，那我們要做的就是戰勝它。哪怕它比想像的更可怕，更暴虐，都不能成為促使我們割斷生命之鏈的匕首。活著就有希望，哪怕水深火熱，哪怕走投無路！只要內心的希望還在，就能改寫命運！

或許人有懷才不遇的時候，被埋沒的時候，但因為一時埋

沒而放棄心中希望，生命就會成為一具空殼，永遠開不出希望的花朵。

　　無論前景多麼暗淡，哪怕看不到一絲光亮，也要把信念的種子耐心珍藏，總有一天，會有那麼一縷機會親吻你的額頭，在你的面前展現更開闊、明朗的一片天。

第七章

喜悅吧！歡樂吧！

取悅他人，也能讓自己充滿喜悅。
無論是怎樣的小事，只要能取悅他人，
便能讓我們的雙手與內心歡樂滿溢。

──《曙光》──

每天給別人帶去一份快樂

如果想給一天開個好頭，應該在睜眼之後好好思索，如何在今天這一天的時間裏，為至少一個人帶去至少一份快樂。

那怕是再微小的快樂也無妨。接著，你再花一天的時間，努力實現這一願望。

要是有更多的人能養成這一習慣，凡能更快的改變這個世界比自私自利的祈禱要有效得多。

——《人性的，太人性的》

　　一個相當有名氣的馬戲團來到一座小鎮上表演。有六個孩子穿戴得乾乾淨淨，手牽著手排隊站在父母身後，等候買票入場，他們的小臉上洋溢著憧憬和高興，興高采烈地談論著即將上演的精彩節目。

　　過了一會兒終於輪到他們了，售票員問要幾張票，父親低

聲回答：「請給我六張兒童票和兩張大人的票。」父親聽到售票員的報價，摸了摸口袋，有些遲疑。售票員不耐煩地重複了一遍價格，父親的眼裏透著自卑和愧疚，他實在不忍心告訴自己身後六個興致勃勃的孩子們，自己的錢不夠用。

這一幕恰巧被排在他們後面的男子看到了，男子悄悄地把手伸向自己的口袋，將兩張鈔票拉出來讓它們掉在地上，然後拍拍那位父親的肩膀，指著地上掉的鈔票對他說：「這位先生，您的錢掉了。」父親抬起頭看向男子，明白了一切，眼眶一熱，彎腰撿起了地上的錢，然後握緊男子的手。看到孩子們歡呼雀躍地走在前面，父母欣慰而感激地走在後面，這位男子從心裏笑了。

給予永遠比接受快樂，施比受有福，送人玫瑰手有餘香，這些都充分的證明了讓別人快樂，自己會更加快樂。當我們在處理自己人際關係的時候，能夠讓身邊的人感到愉悅是一種非常重要的能力。

「笑是兩個人之間最短的距離」，能讓別人感到愉悅，哪怕是再微小的時候，也是快樂的。這是一種能力，這種能力讓你獲得了更多讓他人與你相處的機會。尤其是在生活節奏如此之快的今天，每個人都或多或少的被煩惱包圍著，但是你具備了這種能力，使他們樂意靠近你，喜歡跟你相處，從你的身上汲取了陽光的心態，總能看到事物的光明面，那麼你就會變成

一塊磁鐵，將朋友不由自主地吸附到自己身邊，自己變得受歡迎的同時，自己也會被大家的好情緒帶動。

笑容永遠都有一種不言而喻的魅惑，它能將快樂傳染給更多的人。而將快樂傳遞的過程中，你會比別人更快樂。很小的時候就知道助人為樂是快樂之本，能給別人一份快樂，到了自己內心，這種快樂就會被放大無數倍。

給別人帶來快樂的方式也有很多種，給很久不聯繫的朋友寄卡片。這是一種很古老卻又貼心的方式，告訴他你還在惦記著他，希望他安好。

也可以聽朋友傾訴。有一句諺語說得好：「人們不關心你知道多少，直到他們知道你關心他們多少。」用自己的耳朵去快樂別人也是一件很簡單的事情，至少證明了自己的存在感，也幫到了別人。

培養自己的幽默感。幽默是一種快樂的方式，人人都需要幽默感，在別人不開心的時候，說上兩句幽默的話，看到別人的笑臉，自己心裏也是一陣滿足。

不要吝嗇自己的讚美。人人都有發光點，有你所沒有的優點。你要善於發現這些優點，由衷地讚美別人一句話，會使別人的心情愉悅一整天，說不定別人也會笑著回你一句：「其實你也很棒。」

快樂因為分享而更加快樂。當你感到快樂時，就要散發自

己的快樂，讓別人感到這份好心情，因此願意接觸你這個人，希望可以從你身上得到快樂的力量。

一個微小的笑容遞給別人，就會被放大，回饋到自己這裏，又會被放大，能給別人帶來快樂的人，必然也是一個陽光的人。何樂而不爲？

小心那些無益的喜悅

我們的喜悅是否對他人有益？
我們的喜悅，是否會讓他人的不甘與悲傷增加幾分？
是否會侮辱到他人？
我們所喜悅的，是否是真正值得喜悅的事？
我們的喜悅，是否建立在他人的不幸與災難之上？是否只滿足了復仇心、輕蔑與歧視心？　　——《權力意志》

快樂本身自然是件很好的事情，但是有些快樂卻並不單純，失去了快樂本身純粹的意義。孔子認為有害的快樂有三種：以驕傲為樂、以遊手好閒為樂，以大小宴為樂。這些都是不被孔子提倡的，這種快樂追求的越多，人就會變得更加虛榮迷茫，而且這種快樂無益，不會長久。所以哲學家們告誡世人：人不應追求世間享樂，應追求高尚的快樂。

　　其實除了這些快樂，最不該的就是幸災樂禍，很多人常常習慣性地將自己的快樂建立在別人的痛苦之上。

　　在日本的地鐵站發生了這樣一件真實的事情。

　　有一位腿腳不方便的乘客在月臺慢慢地走，他走起路來一瘸一拐的，看起來甚是艱難。

　　此時，有個年輕人看到了，就跟在他的後面，學著他的姿勢搞怪誇張地走著。

　　他不但從後面追上這個腿腳不方便的人，而且跟他並肩同行了一段時間。

　　這位年輕人越覺好玩，那位乘客非常無奈，但是也沒有辦法，所以沒理會他，低下頭繼續向前走。這個年輕人索性就超過他，走在他的前面一段距離後，就放慢腳步等他趕上來。

　　就在這時，一位平頭男子從地鐵車廂裏走下來，看

到了這一幕，心裏不禁憤憤不平，立刻走上去，一腳踢在後面那個腿腳不便的乘客身上，破口大罵道：「人家腿腳不方便已經很可憐了，你還在這幸災樂禍，取笑別人？你覺得很開心嗎？我看你是欠揍！」說完，暴雨般的拳頭打在這個乘客身上……

前面那個模仿他的年輕人看著如此情景，大氣都不敢出，遲遲不敢恢復正常，始終抱著一瘸一拐的姿勢向地鐵口走去，直到走出地鐵站。

因為那個平頭男子打完人之後，就一直跟在他後面，同情地看著他。

出站的時候，年輕人的脊背上出了許多冷汗，看著那個方向，再也開心不起來……

很多時候很多人都是這樣，對別人的痛苦麻木不仁不說，甚至是將別人的痛苦變成自己的快樂。當然這是比較極端的，也是比較常見的，就是看到別人受挫、不幸，摀著嘴在這裏偷笑：還好不是我，真好笑啊。這是人性中可悲的黑暗面之一。

但是不管怎麼說，在別人的痛苦淚水中駕駛自己的快樂之舟畢竟是得不到真正快樂的。我們良心都安在，看到別人的遭遇，即使在幸災樂禍的同時，也會隱隱地感到心虛和不應該。或許只有我們感同身受的時候才會體會到別人的痛苦，也只有

那個時候，我們才會有發自內心的仁慈。

　　不管我們是多麼渴求快樂，但求快樂問心無愧，爽朗大笑，而不是唯唯諾諾，在背後幸災樂禍。

擁有一份自己喜歡的工作
是一種恩惠

> 如果一個人能夠專心致志地工作，他就不會為生活中其他外在的事情費心勞神。從這個意義看，擁有一份自己喜歡的職業實在是一種莫大的恩惠。
> 當你在生活中遇到煩惱和困擾，工作可以幫你從中解脫出來，此時的工作將成為你心靈的避難所。
> 專注於自己的工作吧。因為對於逃到工作這個避難所的你來說，工作不僅是生存手段，同時還是你的心理醫生。
> 　　　　　　　　　　　　　　　——《人性的，太人性的》

尼采在**《快樂的智慧》**中說：「在目前的文明國家中，很多人相似的是，爲了賺錢而找工作。對其中很多人來說，工作不過是手段而非目的，因此，他們選擇工作的標準無非是是否能付給豐富的酬勞。但仍有很少的一部分人打死也不願意去做自己沒興趣的工作，因爲他們的目的不是爲了豐富的報酬，除非工作本身就是一種報酬。」

　　如果我們把工作當作賺錢的手段，那麼工作就不會帶給我們多少快樂，甚至會成爲苦役。但如果我們做的是自己喜歡的工作，那麼工作本身就是最好的報酬。

　　聞名於世界的科學巨人法拉第在進入英國皇家學院之前，他的介紹人大衛爵士曾和他進行這樣一段談話。大衛對法拉第說：「年輕人，可能你不知道，也可能因爲你沒有在實驗室做過，所以才會願意到這裏來。但是我要告訴你的是，科學太艱苦，要求付出極大的勞動，而且薪水十分微薄。」

　　法拉第絲毫沒有露出放棄的樣子，他信心十足地說：「但是對我來說，只要能做這件工作，本身就是一種報酬。」在這次談話之後，大衛很快就接收法拉第做他的助手。他的這種想法在他成功的路上起到了很大的作用。

　　比爾‧蓋茲有句名言：「每天清晨醒來的時候，一想到所從事的工作和所開發的技術將會給人類生活帶來巨大的影響和

變化，我總會感到無比的興奮和期待。」

在一九七五年，當比爾‧蓋茲開始創辦自己的軟體公司時，他就極其熱切地投入到軟體設計之中。那時候的他簡直是為工作著了迷，完全到了廢寢忘食的地步。每當暮色降臨的時候，他就一股腦鑽進工作室，沒日沒夜地忙碌起來。他將自己的工作本身就視為一種恩惠，不受工作所累，也就不會出現對工作的厭倦，所以才會有今天的蓋茲。

可是在現在的職場中，還有許多不熱愛自己工作的人，他們通常是採取做一天和尚撞一天鐘的態度去應付工作，結果出現了「上班的心情比上墳還沉重」這樣的說法。

卡內基說過：「除非喜愛自己所做的事，否則永遠也無法成功。」沒有了工作就失去了一種生活的本領，所以工作的本身就是一種報酬，但是熱愛工作，是不僅要把它當成一種職業來做，更要把它當成一種事業來奉獻。不能被工作的痛苦左右，而是將工作變身為自己的心理醫生，排遣委屈、落寞，轉移注意力，用工作來忘記不開心的事情。

我們應當學習如何將自己的工作視為一種樂趣、一種心靈補品，當然這種學習不是說笑，要落實在行動上，令我們可以專注於自己的工作，並且將它本身就視為一種報酬，至少是比那些下崗或被裁的人幸福多了，而我們有工作有收入，自然就是一種職場生存的工具和心理醫生。

羅斯‧金說：「只有通過工作，才能保證精神的健康；在工作中進行思考，工作才是件快樂的事。兩者密不可分。」工作不僅是生存工具，更是你的心理醫生。工作的崗位需要你，而你也需要工作。將自己的價值充分發揮在工作中，得到成就感，得到肯定，這無疑是治療所有疲勞最好的藥方。

享受當下的生活

不享受並不是件好事。應該享受當下，即便那需要你將視線從痛苦的事上移開。

比如，家裏只要有一個人不會享受，鬱鬱寡歡，整個家庭就會悶悶不樂，烏煙瘴氣。聚會與工作場所的情況也是如此。

盡可能的幸福地生活吧，為此，就要享受當下。開懷歡笑，讓全身都來享受這一瞬間！　　——《快樂的知識》

有一個小和尚剛剛到寺院，住持就給他分了一個活，就是每天早上負責清掃寺院裏的落葉。

對於小和尚來說，清晨起床掃落葉實在是一件苦差事，尤其在秋冬之際，剛剛掃完的地方，只要一颳風，又是滿地落葉，每天早上都需要花費許多時間才能清掃完樹葉，這讓小和尚頭痛不已。

他就去問各位師兄有什麼妙計沒有，有一個和尚跟他說：「這樣，你在明天去打掃落葉之前先用力搖樹幹，把那些落葉統統先搖下來，後天就可以不用掃落葉了。」

小和尚聽了大喜，連忙謝過，晚上睡了個好覺。

隔天他起了個大早，走到樹跟前使勁地搖晃那棵樹，樹葉落了滿滿一地，他打掃的時候格外開心，認為自己一次把明天的落葉也清掃乾淨了。

到第二天清晨，小和尚信心滿滿地去看地上是否乾淨，但是結果令他大吃一驚，院子裏還是像往常一樣滿地落葉。

這時住持走了過來，對著小和尚說：「傻孩子，無論你今天怎麼用力地搖晃它，明天的落葉還是會飄下來。」

小和尚看著住持慈祥的面孔終於明白了，世上有很

多事是無法提前的，唯有認真地活在當下，才是最
真實的人生態度。

　　我們永遠不懂得享受現在，在工作的時候想著下班，下
班之後想著明天的上班，在玩的時候擔心工作，在睡覺的時候
擔心明天和為今天的事情不開心，甚至在擁抱的時候都在看
表，吃飯的時候，我們看著報紙、電視，根本就不記得飯菜的
香美；我們計畫著未來，回憶著過去，在人生的旅途中瞻前顧
後，卻忘記現在要怎麼過。

　　這就好像我們從來不認識「當下」，腦子裏只有已經過去
的既定事實和還沒發生的事情，根本就無視現在的存在，甚至
於拿現在去肆意地浪費。

　　傳說有一次釋迦牟尼帶著弟子們遊行，走過一個鄉
村的時候，看到村民們正在為一個亡者誦經超度，
有一個弟子感到好奇，就問佛說：「世尊，像這樣虔
誠的超度，真的會使亡者升天嗎？」
　　佛陀不回答，只是反問弟子們：「如果把一塊石頭丟
進井裏，讓你們繞著那口井誦經希望石頭浮上來，
你們說石頭真的會浮起來嗎？」
　　弟子們都肯定了石頭不會再浮起來。

佛陀說：「所以，你們才要珍惜每一天，享受每一天啊。好好覺悟修行，提升自己的內心修養。誦經只是一種虔誠祈禱和精神寄託的方式。真正能救時間的，只有自己。」

現實中，好像我們總是談論別人發生了什麼事，卻忽略了自己發生了什麼事。

「活在當下」雖是佛家的理念，在繁忙的都市中，如果人們能時時謹記，現在就開始，不是明天，不是下星期，而是今天，把握這一刻，他們的日子就會更加有意義。

也許有人說「活在當下」，是一種很不負責任的態度。這裏的活在當下不排除及時行樂、享受現在的成分，但是卻沒有那種過了今天不管明天的態度，我們就是要對自己負責，才要認真享受著每一天，每一個清晨，每一聲早安。

所謂「春有百花冬有雪，夏有涼風秋有月，若無閒事掛心頭，日日皆是好時節。」過去的已經過去，未來的誰也不知曉，唯有享受現在才是最實在的。

不要再虛度每一天了，早晨起來推開窗戶，深呼吸：「今天是新的一天，美好的一天！」

是否快樂取決於你的思維

我們以為，快樂與不快樂是外界給予的。其實，它是我們的思維中產生的。

比如，做了一件事，我們想：「如果當初這樣做就好了。」於是，我們的內心就會產生不快。反過來，如果我們想：「正是因為這麼做了，事情才會如此順利。」我們的內心就會充滿喜悅和滿足感。

也就是說，這兩種思維模式，我們有二選一的自由。

——《漂泊及其影子》

世界沒有絕對幸福的人，只有不肯快樂的心。

古人說：「境由心造。」一個人是否快樂，並不是他擁有了什麼，而是在於他怎樣看待自己的擁有。

樂觀豁達的人，他能夠把平凡的日子變得富有情趣，能把沉重的生活變得輕鬆活潑，能把苦難的光陰變得甜美珍貴，能

把繁瑣的事項變得簡單可行……快樂是你自己的事，只要你願意，你就可以快樂。

北宋的蘇東坡，可謂才華橫溢，詩情滿懷，可他的一生充滿了坎坷。然而他無論到什麼地方，都能夠發現生活的美麗，所以才給我們留下那麼多文采斐然又略帶幾分詼諧戲謔的詞句，所以他被林語堂稱為「不可救藥的樂天派」。

快樂的人並不是沒有煩惱，而是善於排除煩惱，化消極心態為積極心態，盡可能保持快樂的心情。煩惱的人並不是命運不好、家庭不好，而是自己的心態不好，快樂的事到了他那裏也會變成煩惱。

快樂就隱藏在生活的每一個細節裏，更多時候，它不是財富，也不是權勢，而是一種積極向上的健康的心態，不要再為那些瑣屑的事而把自己困在不快樂的事中，任何事情都會有解決的方法。

我們每天都可以選擇好心情或者壞心情，這是唯一一件真正屬於你的權利，沒有人能夠控制或奪去它。如果你能時時都記住，你生命中永遠不會缺少快樂。

同一件事，你選擇面對的態度不同，那麼你的心情就會不同。創業失敗了，一些人選擇去嘗試新的工作、發掘新可能，並期待著在人生的谷底反彈，認為這也許是人生的一個新契機。另外一些人卻覺得是世界末日，背負著沉沉的絕望，認為

再沒有什麼希望了，只想跳下二十層高樓，一了百了。凡事都有它的好和壞，看你是怎樣看待它們了，是死死揪住它給你造成的傷害不放，還是樂於接受它給你帶來的經歷與成長。

一位哲人說過：態度就像磁鐵，不論我們的思想是正面還是負面的，我們都受它的牽引。而思想就像輪子一般，使我們朝特定方向前進。雖然我們無法改變人生，但我們可以改變人生觀；雖然我們無法改變環境，但是我們可以改變心境。

在痛和憂傷中，我們的生活沒有片刻的寧靜。天空和河水變得一片渾濁，痛苦和憂傷就像一匹脫韁的野馬，隨意奔跑在我們生活的每一個角落。但是如果我們能夠靜下心來，讓痛苦沉澱在我們的心底，那麼它就只能佔有我們心裏的一小片天空，那大部分的天空就會充滿幸福，而河水也會又恢復清澈與透亮。

對於新的一天，你有兩種方式度過它：一種是快樂地度過；另一種就是不快樂地過完這一天。怎樣度過，就看你的選擇了。其實，快樂取決於你自己的思維，人生在世，快樂是一天，不快樂也是一天，我們為什麼不選擇快樂呢。

取悅別人，也能愉悅自己

取悅他人，也能讓自己充滿喜悅。
無論是怎樣的小事，只要能取悅他人，便能讓我們的
雙手與內心歡樂滿溢。——《曙光》

　　一提起取悅二字，人們總會首先想到阿諛奉承，溜鬚拍馬
之流。但是，這只是對取悅的狹義理解，廣義的取悅，是人與
人之間相互愉悅心理的互動過程。

　　取悅無處不在。

　　女為悅己者容，男人為討他愛慕的女人歡心說盡甜言蜜
語，上司的褒獎與肯定，朋友之間的相互鼓勵，忘年之交的相
互欣賞。總之，取悅別人的言行無處不在。

　　一個外交家在寫給兒子的信中說：在這個世界上，所有的

人在本質上都喜歡別人討好自己，每個人都有弱點，都有可笑而天真的虛榮心。比如說，男人總希望別人誇讚他比別人更有智慧，而女人總希望讓人覺得自己更漂亮。

這些念頭雖然錯誤，但對他們來說是愉悅的，也不會傷害他人。所以，寧可讓他們沉浸在快樂之中，成為自己的朋友，也不要老老實實地揭穿他們的虛榮，為自己樹敵。

給予別人更多的關注，在某種程度上能夠影響到別人的自尊和自愛。比如說，對別人細節上的關注會讓對方覺得自己是你心目中至關重要的人物，這樣往往比許多大事更能滿足對方的自尊心，更能贏得他們的好感。

耶魯大學的威廉・李昂教授說：「多站在他人的立場上思考問題，不但可以讓你消除心中的憂慮，也能幫助你廣交朋友，獲得更多的人生樂趣。」

取悅他人時，就不會有時間想到自己。而產生憂慮、恐懼與憂鬱的主要原因就是只想到自己。

幫助他人能給你帶來更多的快樂和更大的滿足，能讓你心中充滿愜意。

亞里斯多德將這種人生態度稱之為「有益於人的自私」。

愛默生說：「人生最美麗的補償之一，就是人們真誠地幫助別人之後，同時也幫助了自己。」

佛蘭克林的說法更直截了當：「當你善待他人時，也就是

在善待自己。」

你希望別人怎樣待你，那你就應以同樣的方式對待別人。

取悅他人，博取他人好感最實用的方法和準則就是「投之以桃，報之以李」。

給，就是一種捨，我們在給別人的時候，就是在捨自己的某些東西，如時間、精力、關懷、財物等。而這些捨，同樣會使我們得到。

「贈人玫瑰，手留餘香。」每個人都不是獨立地存在這個世界上的，每個人都會遇到困難，遇到自己解決不了的問題。這個時候，我們就需要向別人求助，如果我們能得到別人幫助，那麼我們就會心存感激，希望他日自己也可以為別人做些事情。同樣地，當我們幫助別人時，別人也會心存感激，希望他日伸出援助之手，幫助我們。

讓別人有愉悅的感受固然可取，但不能挖空心思的投其所好。適度取悅他人，應視為一種禮貌，一種氣度，一種聰慧；千萬不要與拍馬奉承、違心恭維混為一談。

合理地發揮取悅他人的潛能，自己也將獲得愉悅。

不要捨本逐末，
努力工作是為了更好的生活

爬山的時候，一些人就像是山林中的野獸，無所畏懼，勇往直前。就算已經汗流浹背，氣喘吁吁，心中惦念的仍然是那高遠的頂峰。只在乎腳下的路，卻忽略了攀登途中，無數的良辰美景。

在平時的旅行與工作當中，像這樣只知道埋頭於某一件事情當中，從來不曉得抬頭看看的人不在少數。如，工作中最常見的現象就是，很多人都錯誤地認為只要銷售量節節攀升，便是萬事大吉。如此一來，就很少再去考慮究竟什麼才是工作的意義。

這樣愚蠢的行為在生活中總是不斷地重現，很多人將精神上充裕的消失當作理所當然和必然而然的事情，最後就連人自身的事情也被他們貼上了無用的標籤，而這麼做的結果只有一個：不斷地迷失自己。

——《漂泊者及其影子》

在現代生活中，隨著工作的壓力日漸沉重，一個職場人把自己的工作看得很重要是無可厚非的。但是，「工作和賺錢是最重要的事」這個觀點，使得不少人為了工作放棄了許多享受生活的機會，成了名副其實的工作機器。他們難以與家人團聚，很少與朋友交流，外出旅遊更是奢侈的嚮往，因此少了許多生活中應該擁有的快樂。

現代社會是一個忙碌的社會，為了事業與家庭，大家不停地奔波勞累，就像一台永不停息的機器。事業有成的人更不必說，個人休息放鬆的時間少之又少，像永不鬆懈的發條，為了自己的夢想或利益而不停地奔跑。

約翰·藍儂曾經說過，當我們正在為生活疲於奔命的時候，生活已經離我們而去。

工作不是我們生活的全部，有時候忙碌是完全沒有必要的，整天被一些無謂的忙碌所纏繞的人，只會讓自己負重累累。很多人把生活塞得滿滿的，但是沒有一點空隙的生活，好比將生命窒息。

我們的生命在奔忙中消耗，而我們的精神也在殘酷的競爭中、快節奏的生活中趨於緊張，以致麻木或崩潰。其實，這樣無益於更好的工作，所以不要忙於那些沒有意義的事情。事情是很多的，但是沒有頭緒的忙碌是不可以的，我們應當學會適時地停下來。

我們應該靜下心想想，自己在做什麼？做這些的目的是什麼？不停地奔跑又給自己帶來了什麼呢？我們最初都是爲了更美好的生活而工作，最後卻是我們爲了工作而疲於奔命，早忘記了我們是爲了生活美好而工作的，工作漸漸成爲抑制我們自由的東西。

　　工作是爲了生活，或者說，工作是爲了更好地生活，沒有生活的工作，也會失去意義。

　　在高效率、快節奏的拼命工作之餘，我們應該停下來，歇一歇，學著享受生活。就拿吃飯一事來說，在外面工作將就的速食遠遠不如與家人坐下來吃上一頓家常菜來得舒服。速食也許能填飽肚子，卻不能保證我們的飲食健康，不能滿足我們的飲食文化和飲食情感。

　　努力工作，更要努力享受生活，只有對生活充滿熱愛，對工作富有激情，才算得上是美好的人生。

　　所以，我們應放下一些無謂的忙碌，不要讓工作時間擠佔自己的私人生活，該工作時就工作，該休息時就休息，這樣才是一個健全的人生。

像藝術家一樣設計生活

你想要舒適且充滿審美情調的生活嗎？讓我們來看一看藝術家們是怎麼做的，或許我們能夠從中學到不少的小竅門。比如說，藝術家們總是很在意東西的擺放與配置關係。他們故意將東西放在遠處，或者將之斜著豎起來，或者利用光線反射使光影關係更加具有藝術性的效果。

其實在我們生活當中，我們也在做著和藝術家們同樣的工作，最明顯的就是家裏面的裝修了。傢俱的選擇與擺放並不是隨意進行的，原因就在於配置的結果一定要使裝修的效果看起來更加舒適美觀。如果不考慮這些因素的話，你就只能生活在一堆雜亂無章的擺設之中了。

實際上，不僅裝修如此，我們在處理生活中的諸多事情和人際關係的時候，也是在按照自己的喜好不斷地設計著。

——《愉悅的知識》

常聽一些人抱怨「生活太乏味了，應多點浪漫或激情。」四面白牆加白色地磚的房子未免太過單調，日子也是一樣。其實，生活就像房子，也是需要精心設計的。

有人說日子有如白開水，淡而無味，那你就加一點蜂蜜，或者煮開了泡幾朵玫瑰花瓣，或者一小撮綠茶，或者沖咖啡……你能做的很多，可以無限發揮你浪漫的創意，讓生活變得不再平淡。

生活中需要加點變化，這樣才能讓人覺得有新鮮感，也才能長時間地保持著活力。

如果我們能像藝術家一樣熱愛並設計我們的生活，那麼我們的日子必然是另外一番模樣。

縱觀歷史長河，聖人出了不少，有趣的人可不多。

蘇東坡是個有趣的人。古人有人生四大樂事之說，蘇東坡則認為，人生賞心樂事不單只有四件，而有十六件：清溪淺水行舟；微雨竹窗夜話；暑至臨溪濯足；雨後登樓看山；柳陰堤畔閑行；花塢樽前微笑；隔江山寺聞鐘；月下東鄰吹簫；晨興半炷茗香；午倦一方藤枕；開甕勿逢陶謝；接客不著衣冠；乞得名花盛開；飛來家禽自語；客至汲泉烹茶；撫琴聽者知音。

從這十六件樂事中，可見蘇東坡極熱愛生活，樂觀入世，也懂得享受生活，是個不折不扣的有趣之人。

生活從來都不缺少「美」，而是缺少「發現」。一個久居

城市的少年能夠享受「神遊山林」之趣，這本身就是一個極好的例子。

在有情趣之人眼中，萬事萬物莫不情趣盎然，蚊子可以是「群鶴舞空」，蛤蟆可以是「龐然大物」；在無情趣之人的眼中，世界永遠是枯燥無味的。做一個有情趣的人，首先要做的是對世間萬物充滿愛心，其次是要有豐富的想像力，善於從普通的事物中發現美的因素。

生活中追求情趣很重要，能使我們感到人生美好，使我們更加熱愛生活。

一個人不能光知道工作，偶爾要做一些「無用」之事，做有情趣之人。

風和日麗時，躺在草地上看天上的雲，下雨天打傘聽雨聲，晚上抬頭看月亮、數星星，躺在床上胡思亂想自己的前世今生……這些看似無用的事，卻能使我們的人生變得更加有情趣，並且有大用。

生活中積極向上的人，善良快樂的人，總是很有生活情趣。無論生活多麼緊張，多麼複雜，多麼無奈，他們熱愛生活的心是不會變的。和這樣的人在一起，能鼓舞你生活的信心，能讓你感悟到生活的快樂。

人們常常羨慕功成名就、百事百順的人，認為他們是生活中的成功者，認為只有這些得到生活回報的人才會對生活充滿

感激、信心和激情。

其實，真正懂得生活的人，對生活充滿愛意的人，是那些在生活中遭遇挫折和不幸的人；是那些深知生活在世上，有快樂就有悲傷，有成功就有失敗，有苦澀就有甘甜的人；是那些對生活沒有過多奢求而認認真真生活的人；是那些把生活本身當作幸福的人。

讓我們試著理解尼采的這句話：**「生活的收穫是生活。」**

閱讀是最好的消遣

對我而言，一些令人愉快的、聰明的、智慧的書，就是我藉以復原的東西。

——尼采

多項調查表明：各年齡層中，特別是青少年中，文學閱讀的人數在快速減少。閱讀的危機似乎已經成了世界的潮流。如今年輕人的消遣方式五花八門，唱歌、打牌、逛街、上網、打遊戲等，不過，閱讀仍是一種最值得推崇的消遣。

莎士比亞說過：「生活裏沒有書籍，就好像天空沒有陽光；智慧裏沒有書籍，就好像鳥兒沒有翅膀。」

英國著名浪漫主義詩人雪萊非常喜歡讀書，書上的知識豐富了他的想像力，活躍了他的思維，使他看上去永遠是那麼朝氣蓬勃，熱情奔放，充滿活力。

雪萊總是不停地看書，幾乎到了廢寢忘食的地步。

他吃飯時面前也放著書，一邊看一邊吃，經常忘記喝茶吃麵包，烤羊腿和馬鈴薯是常常冷了熱、熱了冷，熱了好幾遍才吃完。他外出散步時也總是手不釋卷，經常自言自語地吟誦著名篇和詩文，令同行的朋友為之動容。

雪萊年僅廿九歲便死於海難，他短暫的一生卻留給後世寶貴的文學財富，他的抒情詩成為文學史上不朽的傑作。

培根說：「孤獨寂寞時，閱讀可以消遣。」

人在獨處時，就會心浮氣躁，就會想入非非。但如果與書籍結緣，思想就會通達古今。做爲社會中普通的一員，在獨處時，與書爲友，就會把生活的艱辛與磨難看得雲淡風輕。

在社會生活中，激烈的市場競爭，沉重的生活壓力，未來的變化莫測，以及升學、求職、疾病、安居、養老等等現實問題已經讓人們心力交瘁。在這種緊張的生活狀態下，讀幾本消遣性讀物，不啻也是一種精神的解脫，情緒的放鬆。

對許多人來說，讀書是一種茶餘飯後的消譴，是精神饑餓的速食，是解脫疲勞的烈酒，也是驅逐寂寞的歌曲，是輕鬆閱讀中產生的某種快感。

凡是讀書多的人，發展潛力一定是強的。華人首富李嘉誠十二歲就開始做學徒，還不到十五歲就挑起了一家人的生活擔子，再沒有受到過正規的教育。當時李嘉誠非常清楚，只有努力工作和求取知識，才是他唯一的出路。

他有一點錢都拿去買書，把知識裝記在腦子裏面，才去再換另外一本。直到現在，每一個晚上，在他睡覺之前，還是一定得看書。後來李嘉誠對人們講：「知識並不決定你一生是否有財富的增加，但是你的機會就會更加多了，你能創造機會才是最好的途徑。」

真正的「讀書」，不僅在讀「書」，更在「讀」所達到的「境界」，只要進入了，就會感到無窮的樂趣。人們常說的潛

移默化、潤物無聲，講的就是這個道理。應該說任何讀書都有功利性，古人曾有過「萬般皆下品，唯有讀書高」的說法，但我們可以把爲功名利祿讀書，變成爲獲取知識與獲得藝術享受而讀書，把功利變成輕鬆、愉悅的消遣。

把閱讀當做是一種消遣，讓閱讀成爲一種習慣，人的一生是有限的，直接向別人學習的經驗也是有限的，但是通過讀書間接向別人學習則是趨於無窮的。

讀書可以讓我們突破時間、空間的限制，自由地馳騁我們的思緒，可以跟古今中外許許多多優秀的人對話、交流。所以芒格說：「手裏只要有一本書，我就不會覺得浪費時間。」

休閒的時候，不妨泡一杯茶，拿一本書，細細品味一番，一定會有許多意想不到的收穫。

熱愛學習的人不會感到無趣

在不斷的學習中累積知識，並把知識提高到教養與智慧高度的人，不會感到無趣。因為他們對所有事情的興趣，只會一天比一天更強烈。　——《漂泊者及其影子》

　　尼采認為，對那些喜歡學習善於積累知識的人是不會感到無聊的，因為即便是面對同一件事情，這些人也會比其他人更容易獲得啟示，更容易從中提取經驗和教訓，用這些新得到的東西不斷地充實自己的大腦。

　　也就是說，他們的每一天都會過得充實而快樂，因為對他們來說，最快樂的事情就是不斷地去學習新的知識和破解舊的謎題。對他們來說，世界上充滿了無窮無盡的未解之謎，這就好比一個植物學家進入到了原始森林當中，哪裡還會有時間去

覺得無聊呢？

如果每一天都以一種探索與發現的心情去面對的話，世界上或許便不會再有無聊的人了。

中國有句古話叫：「生活中處處都是學問。」

大千世界、廣闊宇宙，我們窮盡一生都無法全部掌握其中的玄奧之處。但最重要的並不是要找到「為什麼」的答案，而是在「尋找答案的過程」，並且在這過程中保持一個探尋的心態和活躍的思維。

美國思想家富蘭克林說過：讀書使人充實。的確，讀書是求知的過程。對於愛學習的人，讀越來越多的書，就會發現自己懂得越來越少，因為知識的圈子面積增大，所以會有學海無涯之感慨。理解層次高了，對世界的看法也會更深入。

俗語說：「活到老學到老。」學習使人充實，工作得更好。學習後當然要經常思考，讓學到的知識如何在實際中應用，理論與實際相結合，使自己在某一個領域有獨到的見解，使人更加深邃。我們在學習中難免會碰到問題，通過與人交流，使自己更加清醒，也豐富了自己的知識。

學習讓生活充滿趣味。學習使你獲得新體驗——新體驗是生活中最為激動人心的樂事之一。它能模擬你的大腦，釋放你的創新激情。這樣，便可以將你的思想從按部就班的焦慮中解放出來。

當學習帶領你走進未知時，你將收穫一筆更大的知識財富，從而擴展你的思維極限。你學得越多，想知道的也就越多。每一個新發現都將引領你到另一個刺激的挑戰中去。

　　法國哲學家帕斯卡說過：「人是會思想的蘆葦」，人們從出生到死亡，事實上都在探索著未知世界，只不過哲學家、作家們思索得更深，探索得更廣。事實上，這種探索就源於人們對世界的好奇心。終其一生，你越是好奇，就將開啓越多的可能性。通過各種立場和視角來觀察我們生活的世界，不是一件最爲有趣的事嗎？

第八章

擁有一顆輕盈的心

即便是給人住所、
娛樂、食物、營養與健康,
人還是會覺得自己不幸,
還是會不滿。

——《曙光》——

「滿足」的奢侈

「epiurean」這個詞被現今的人們誤以為是「享樂主義者」或「快樂主義者」，但它的詞源其實是古希臘哲學家伊壁鳩魯追求快樂的活法。

他所到達的頂點，是一種名為「滿足」的奢侈。然而，這種奢侈所需的東西並不多。即：一座小小的花園，幾棵無花果樹，少許乳酪，三四個朋友。

只需這些，他就能過得很奢侈了。

——《漂泊者及其影子》

　　有很多人喜歡逛高檔商場，一進去兩眼放光，貪婪地看著每件商品，心裏想著要是都屬於自己就好了，恨不能把整座百貨公司都搬進自己家裏。

　　蘇格拉底有一次看著琳琅滿目的商品，感慨而真切地說：「原來我不需要的東西這麼多啊！」這就是一種心態，欲望減

小，快樂就會增大。

假如給你一盞阿拉丁神燈，可以許一個能成真的願望，但你卻只能使用一次，那你想要許什麼願望呢？應該很多人都會毫不猶豫地說出很多自己曾經的期許，但卻還沒有實現的願望。像漂亮的別墅、新款的名車、美女帥哥、身分、地位、健康、美貌……

大概我們的一生都是在充滿著欲望的憧憬中度過的。

在饑餓的時候憧憬著溫飽、寒冷的時候憧憬著溫暖、碌碌無為的時候憧憬著升職加薪，就是這樣不斷想要索取，即使滿足也只是暫時性的休憩，短暫的滿足過後又開始追求自己想要得到的，所以世上才會有很多忙碌卻不快樂的人，他們在滿足自己欲望的過程中，卻失去了清晰正確的目標和本該屬於自己的笑容。

但是有人反駁：我們是人，七情六欲很正常，生活在世界上自然會煩惱，不像動物一樣，無所事事，不用上班不用賺錢養家，所以牠們比我們快樂。

這絕對是錯誤地開脫自己的想法，在動物心中也是有感情的，當被獵捕、殺害時，牠們心理和身理同樣會恐懼害怕，失去家人，牠們也會傷心難過。這樣看來，人和動物的區別不是感情，而是欲望。

許多人窮其半生都在追求自己所認為的理想生活，拼命賺

錢，使自己不斷攀上高峰，當我們真正站在頂端的時候，也許會有那麼一剎那的喜悅，隨後取而代之的是寒冷，「高處不勝寒」，這就是浮華。

當你認為你滿足了自己的欲望之後，欲望漸漸消退，表面浮華的快樂很快也會被寂寞和孤獨吞噬。

難道這就是我們一直追求的極樂生活嗎？然後我們就開始懷念從前，在我們看來一無所有的時候，卻是人生中最珍貴的日子，親人、好友、愛人，但是名利雙收的結局卻是在犧牲了他們之後。

「夠了」這兩個字，我們什麼時候才會真心講出？當我們真心實意地能夠說出這兩個字時，我們的欲望就沒有那麼大，真正的快樂也就會來臨。

別讓佔有欲控制你

佔有欲並不是十惡不赦的事物，它會催人奮進，過上衣足飯飽的日子，並因此獲得資歷和自由。但物極必反，佔有欲一旦過度，人就會變成它的奴隸，被它控制。為了佔有更多，人們開始不惜代價去爭取，連一點喘息的時間都不給自己。

於是，那些真正會讓人感到愉悅和富足的東西，比如豐饒的內心、精神的幸福、高尚的思想，都被他們忽略掉了。

最終，他們就成了人們常說的「窮得只剩下錢了」的人。所以，當你的欲望超過你的負擔能力，當你因為欲求變得疲憊不堪的時候，要多加小心。

—— 《漂泊者及其影子》

人人都有「佔有欲」。看到一切好的財、事、物，都想據為己有。欲望是人類生存的需要和本能，可以激發人們的上進

心。黑格爾說，欲望是人類歷史的槓桿，所以說，適當的佔有欲是必要的。

然而，生活中有一些人卻永遠也不懂得知足，有些人在這有限的生命空間裏，只知一味地索取更多，他們擁有了陽光的明亮，還想把璀璨的星光也歸爲己有。擁有了更多，欲望也會跟著繼續地膨脹。

常言道：知足長樂。人生在世，名利財物，都是身外之物。你就是時時刻刻永不停息、永無止境地去追求和索取它，也不會有滿足的時候。相反，它還可能會給你帶來無盡的坎坷和煩惱。無止境的貪婪，最終會徹底毀滅一個人。

有這樣一個故事：國王爲了感謝多年來服侍他的忠心耿耿的僕人，說：「你儘管向前跑，只要在日落之前繞一圈回來，圍到的土地全部送給你。」

僕人欣喜萬分，不停地往前跑，簡直像一頭發了瘋的野獸。就在太陽西沉的那一刹那，他終於繞完一大圈返回原地。不過，他也因此而累死了。國王悲傷地將他埋了。

等到了最後，僕人真正所獲得的土地，也只有埋在那裏的七尺罷了。

其實在生活中，有好多美好的東西並不是我們無緣得到，而是我們的期望太高。往往是在剛達到一個目標時，又會突然轉向另一個更高的目標。人要控制自己的欲望，見好就收是明

智之舉。

想要佔有的東西越多，失去的往往就會越多。

無論做什麼事，都要適可而止，適可而止是一種明智之舉。「莫伸手，伸手必被捉。」看看那些落馬的貪官，我們就不難明白，在很多時候，佔有欲本身就是一個陷阱。

一個人心中想佔有什麼，就自然成為什麼的奴隸。被名利驅使，心要時刻提著名利走路；被財富驅使，心要時刻為財富站崗；被貪欲驅使，心要時刻衝在貪欲的前面。心靈被佔有欲分割成無數的碎片，捧著一顆破碎的心，人又怎麼能夠找到安寧和幸福呢？

巴爾扎克小說裏那個著名的守財奴葛朗台，一生都在拼命佔有一切可以佔有的東西。佔有欲貫穿在他全部思維活動和行動之中，「除了快快發財，他不知道有別的幸福，除了金錢損失也不知道有別的痛苦」。

「佔有欲」泯滅了葛朗台的人性，也割斷了他和其他人之間除了「現金交易」以外的一切感情和聯繫紐帶，包括自己的妻女也只是在與金錢有關時，在他的心目中才有價值。

佔有的欲望就像是繩索，就像是手銬。

人的占有心越重，被束縛的就越緊。中國有句成語叫「畫地為牢」，人佔有什麼，就一定畫什麼為牢。

有一個富人，他擁有世界上任何想要的東西，但只有一樣東西，無論他怎麼努力，無論花多少錢都無法得到，那就是——快樂。

富人想：「也許到外面的世界可以找到快樂。」但是，他又怕有盜賊進入他家盜竊，所以就將全部的財物裝進一個包袱裏，背在身上，就這樣出發了。

富人背著包袱訪遍所有的名山大川，嘗遍了天底下的美食，看遍名勝古蹟，但是，他依然快樂不起來。

有一天，富人走累了，停在一棵大樹下休息。這時，他看到遠處走來一個農夫，農夫衣衫襤褸，卻滿心歡喜，邊走邊唱著山歌。

富人很是不解，就問這個農夫：「你這麼貧窮，卻還能如此快樂，你有什麼秘訣嗎？」

農夫笑笑說：「哪有什麼秘訣，只要把你身上背的東西放下，快樂就會來到你身邊。」

富人頓悟：我天天背著這麼重的包袱，不僅給身體帶來疲憊，而且每天因為害怕錢財被搶而憂心忡忡，這樣怎麼能讓自己快樂呢。於是，他打開包袱，把裏面的錢物都分給路過的窮人和需要幫助的人。被他救助的人，都心懷感激，個個都是滿臉笑容地離開。從此，富人得到了快樂。

人們總想佔有得更多一些，結果往往不自覺的連自己也失去了。林語堂告訴我們：知足常樂的秘訣是——懂得如何享用你所擁有的，並割捨不實際的欲念。可多數人卻是擁有了不知珍惜，反而想要的更多。

　　人的欲望可謂永無止境，甚至可以說是至死方休。但欲望是和成功與幸福成反比的，人想擁有的念頭不為錯，但這世間美好的東西實在是太多了。爭來爭去，殊不知命裏有時終須有，命裏無時莫強求。偉大的凱撒大帝，走時也會攤開空空的雙手來警示世人，一切不過是個「無」字。

　　其實很多時候，我們辛辛苦苦去尋找的東西，往往就在我們身邊。很多人都在四處奔波，不辭辛苦地想要佔有一切珍貴的東西，可是往往卻忽略了眼前的幸福。快樂不是得到你想要的一切，而是享受你所擁有的一切。最快樂的人們並不是因為他們擁有最好的一切，而是他們把一切當成最好的。

　　生活中，我們總是習慣索取、習慣佔有，但卻往往在佔有中迷失掉自己，忘記了自己佔有的初衷——快樂。

　　捨得，捨得，有捨就有得。不要忽視了索取佔有的另一面——捨棄。對生活拿得起，放得下就是快樂之源泉。懂得放棄的真諦，才能懂得「失之東隅，收之桑榆」的妙趣。

不必討好所有人

對方若是從生理上就不喜歡你，那麼即便是你禮貌地對待他，他對你的態度也不會立刻改觀。最終，只會落個無事獻殷勤的下場。
別指望全世界的人都喜歡你，以平常心對待就好。
——《人性的，太人性的》

尼采曾經這樣說過：「人不過是一把泥土。」所以，人千萬不要把自己定位得太高，以爲所有的人都會圍著你轉。一旦當你受到冷落，失去了周身的那層光彩，你定然會有種從天上瞬間掉落到地上的失落感。

布思‧塔金頓是二十世紀美國著名的小說家和劇作家，他的《偉大的安伯森斯》和《愛麗絲‧亞當斯》

這兩部作品均獲得普利茲獎。

在一次藝術家作品展覽會上，兩個小女孩虔誠地請他簽名。

「我沒帶自來水筆。用鉛筆可以嗎？」布思・塔金頓其實知道她們不會拒絕，他只是想表現一下一個名作家謙和地對待普通讀者的大家風範。

「當然可以。」女孩們果然爽快地答應了，她們的興奮讓他備感欣慰。

一個女孩很快將筆記本遞給布思・塔金頓，他取出鉛筆，瀟灑自如地寫上了幾句鼓勵的話語，並寫上自己的名字。

女孩看過他的簽名後，將眉頭皺了起來，她仔細看了看布思・塔金頓，問道：「你不是羅伯特・查波斯？」

「不是。」布思・塔金頓說，「我是《愛麗絲・亞當斯》的作者，兩次普利茲獎得主。」

不料，這個小女孩將頭轉向另一個女孩，不屑地道：「瑪麗，把你的橡皮借我用用。」

那一刻，塔金頓感到無地自容，所有的自負和驕傲瞬間化為泡影。

我們無法時時刻刻做到人人滿意，即使是自我感覺很優秀的時候，也要時刻的提醒著自己：無論你怎樣的卓爾不群，仍然會有人不喜歡你。

　　俗話說：「人外有人，山外有山」，人活在世上要時刻地檢討自己。人總是以自己為中心，希望大家都能圍在自己身邊轉，這是絕不可能的。同他人一樣，你也是食五穀雜糧的人，平凡得不能再平凡。況且，每個人都有自身的特點，都有由內而外所散發的光芒，把自己抬得越高離地面越遠，就越容易會失去重心。

　　美國前任國務卿鮑威爾曾經這樣總結自己的為人處世之道：「你不可能同時得到所有人的喜歡。」因為很多時候，你希望和每一個人都搞好關係，最後你為此而付出很多時，不欣賞你的人照舊可能不欣賞你，而且還不會領你的情。

　　把事情做好的方法有很多，但首要的一條就是：「不要試圖把所有的事情都做好」。處理人際關係的準則也有很多，但最重要的一條是：「不要試圖讓所有人都喜歡你。」因為這不可能，也沒必要。

　　父子騎驢的故事告訴我們：生活中總會陷入別人說什麼，我們就怎樣做；誰抗議就聽誰的，結果呢？大家都有意見，而且大家都不滿意。

　　我們每個人都周旋於身邊的小社會之中，總是試圖把每個

人、每件事都應對得完美無缺。但是事實上卻並非如此，當你想竭力討好每個人時，最終卻往往讓所有人都不高興，甚至包括你自己。

一個人不可能面面俱到，我們身處的這個世界是錯綜複雜的，每個人看待事物的方式和認可都會有所不同，別人對你的反映或許是多棱鏡，甚至有可能是讓你扭曲變形的哈哈鏡，面面俱到是一種不切合實際的期望，只會讓你背上一個沉重的包袱，顧慮重重，活得太累。因此我們需要從多方面、多角度去對待周圍的人和事。

所以，我們在為人處世上面，應該多多學著做人踏實一點，謙虛一點。千萬不要為了讓別人喜歡自己，而讓自己每天活在愧疚與疲憊之中。試著去用平常心看待周圍的一切，那麼你的從容必然會在無意之中博得大家的喜歡。

不為無謂的事苦惱

熱的反義詞是冷，亮的反義詞是暗，大的反義詞是小。這其實是一種文字遊戲，但千萬不要以為現實中也是如此。

比如，熱和冷並不是對立的。這兩個詞只是為了更直觀的表達，人對某種現象在感覺上的差異。

不要因此認為生活中也充滿對立，若是這樣認為，小的麻煩就會成為大的困難，小的變化就會成為大的痛苦，單純的距離就會導致疏遠，甚至決裂。

我們的多數煩惱，都是因為陷入文字遊戲，而導致內心的不平與不滿。

——《漂泊者及其影子》

一個人被煩惱纏身，於是四處尋找解脫煩惱的秘訣。

有一天，他來到一個山腳下，看見一片綠草叢中，有

一位牧童騎在牛背上，吹著悠揚的牧笛，逍遙自在。

他走上前去問道：「你看起來很快活，能教給我解脫煩惱的方法嗎？」

牧童笑著說：「騎在牛背上，笛子一吹，什麼煩惱也沒有了。」

他試了試，卻無濟於事。於是，又開始繼續尋找。

不久，他來到一個山洞裏，看見有一個老人獨坐在洞中，面帶滿足的微笑。

他深深鞠了一個躬，向老人說明來意。老人問道：「這麼說你是來尋求解脫的？」

他說：「是的！懇請不吝賜教。」

老人笑著問：「有誰捆住你了嗎？」

「……沒有。」

「既然沒有人捆住你，何談解脫呢？」

這個人驀然醒悟。

其實，在很多情況下，煩惱都是自找的。

有科學家對人的煩惱進行了科學的量化、統計、分析，結果發現：人的煩惱中，有百分之四十是屬於杞人憂天，比如有人怕坐飛機；百分之三十是為了怎麼煩惱也沒有用的既定事實；百分之十二是事實上並不存在的幻想；還有百分之十是微

不足道的小事。也就是說，我們心中有百分之九十二的煩惱是自尋的，是毫無必要的。

美國著名作家德萊塞說：「不要無事討煩惱，不做無謂的希求」，不做無端的傷感，而是要奮勉自強，保持自己的個性。認識自己的一個關鍵就是要正確分辨煩惱，不要讓無謂的煩惱困憂我們的生活。

馬克‧吐溫說過：「憂愁是傷人的病菌，它會吞噬你的優勢，而留下一個像廢品一樣的垃圾。」一個把大量精力耗費在無謂煩惱上的人，是不可能儘量發揮出自己固有能力的。世界上能夠摧殘人的活力、阻礙人的志向、降低人的能力的東西，莫過於煩憂這一毒素。

人們往往對正面的事情感到懷疑，卻對負面的事情非常肯定。當某人告訴我們，某某在背後說你壞話了，你可能馬上就火冒三丈；但當有人向你表達友好時，你心裏就會嘀咕：「這人是不是有什麼企圖？」

其實很多事情遠沒有我們想的那麼可怕，我們往往用種種精神的刑具來折磨自己，我們常常懷著各種無謂的杞人憂天和不祥的預感中自尋煩惱。

世上本無事，庸人自擾之。事實上，大多時候，過段時間再回頭看，那些曾經讓你煩惱的事情，往往都是無可無不可，喧嘩一時不過如浮雲。

清人石成金寫過首《莫惱歌》：

「莫要惱，莫要惱，煩惱之人容易老。世間萬事怎能全，可嘆癡人愁不了。任你富貴與王侯，年年處處埋荒草。放著快活不會享，何苦自己等煩惱。莫要惱，莫要惱，明月陰晴尚難保。雙親膝下俱承歡，一家大小都和好，粗布衣，菜飯飽，這個快活哪里討？富貴榮華眼前花，何苦自己討煩惱。」

人的煩惱往往在於明知考慮無濟於事，卻偏偏會浪費許多心思去鑽牛角尖。有時候，一個華麗的轉身，面對的是全新的風景；有時候，換一種眼光看世界，你會發現山重水復處，常別有洞天。

不要沉迷於權勢的幻影中

成為團體中領導的人，在如今這一時代擁有勢力的人以及擁有權力的人，並非真正擁有某種力量。勢力或權力只是存在於人們腦中的幻影罷了。

正因為勢力與權力對人們產生了作用，幻影才會揮之不去。他們即便是某種特殊的存在，也絕不是特殊的人。有些有權有勢之人已經依稀注意到了這一點。真正有知性的人，早已得知有權之人無足輕重。然而，大多數人依舊沉迷於幻影之中。 ——《各種意見與箴言》

森林裏，狼、熊和狐狸結成聯盟，專門對付羊群。

羊群死傷相當嚴重，老領頭羊不堪疲憊，鬱悶而死。

一頭年輕的羊被選為新的領頭羊。年輕的領頭羊對群羊說：我們邀請狼、熊、狐狸中的一位來做我們的領頭吧，我不是這個料。

消息一出，群羊激憤：這不是把我們往火坑裏推嗎？

狼、熊、狐狸興奮極了，同時也開始暗暗盤算自己一定要爭得這個頭領，多大的好處啊，以後群羊就是自己的了，想怎麼吃就怎麼吃。

熊最先下手，趁狼不注意的時候，一爪過去，把狼做了。狼死於非命……

狐狸很狡猾，因為牠比較輕，就在獵人挖好的樹枝偽裝的陷阱上躺著佯裝睡覺。熊悄悄逼近，一下撲上去，掉到了陷阱裏。狐狸早就已經機警地躲開了。熊也完蛋了……

最後剩下狐狸，對羊群已經沒有了威脅。群羊終於知道：原來權力是個陷阱！

　　儘管是個陷阱，但是面對權力的種種引誘，人們往往不易割捨，仍有人前仆後繼地趨之若鶩。就如《聖經》中的所羅，在上帝選大衛作王的時候，他心生妒忌，不肯放手交權，還要殺掉大衛，最後遭神離棄，下場悲慘。

　　「權力快感」說到底是一種「權力欲」，「權力欲」強烈的掌權者很容易突破道德良知的底線，甚至做出違法犯罪的事情。因此，古羅馬歷史學家塔西佗說：「權力欲」是一種最臭名昭著的欲望。英國思想家霍布斯更是對「權力欲」作出了形

象的描述：「得其一思其二、死而後已、永無休止。」

中國古代權力鬥爭不斷，篡位者為了達到自己的目的，可謂費盡了心機。他們不惜承擔「謀逆」的罪名、冒著殺身滅門的危險。此間充滿了陰謀與血腥，昨天還是情同手足的親人，今天卻成了不共戴天的死敵。

唐太宗密謀發動的「玄武門之變」，一時血光四濺，倒在血泊中的不僅有他的親兄弟及眾多支持者，還有其年幼的親侄兒。武則天在攀登皇位的漫長過程中，遭到了包括自己兒子在內的各種勢力的堅決反對。面對來自朝野的各種反對勢力，武則天痛下殺手，堅決鎮壓，甚至不惜任用周興、來俊臣這樣的酷吏，就連自己的親生骨肉也不放過。就是她那永不滿足的欲望將她一步步推向滅亡的深淵。

皇室一次次的同室操戈，帝王貴胄一顆顆人頭落地，一代代家天下的專制皇權擺不脫魔咒，走不出怪圈，只能不斷地複製著一幕幕血濺宮闈的慘劇。人們瘋狂地追逐權力，而至高無上的專制皇權又使人們更加瘋狂，正所謂「無情最是帝王家」，難怪明朝末代皇帝崇禎在國破家亡時會說「願生生世世勿生在帝王家」！

權力讓人產生一種虛幻的優越感，從而使自己迷失。人們以為有了權力就可以為所欲為，可以滿足自己的欲望，像金錢、美女、名車、豪宅等等應有盡有，還可以呼風喚雨、頤指

氣使。所以，有人為了權力可以不擇手段，不惜一切。

但是人們卻沒有看到，權力的獲得往往是以人格的屈辱作為代價的，為了保持心理上的平衡，使自己從心靈上、情感上獲得補償，權力的擁有者會加倍的用專制和冷酷來役使那些意圖從自己手中討取利益的人，使得權力的角逐者永遠陷入雙重人格的痛苦、矛盾和分裂中。

權力，總是可以把善良的心引進罪惡的深淵。

不要讓野心捆綁住自己，學會放棄，你就不會再犯那些領袖人物的致命錯誤！我們應該明白，世界上的一切都將過去，就連我們的生命都將過去，所有的權勢功名終將化為塵埃。想要獲得幸福，只有淡泊名利，以淡雅、低調的心態面對名利的紛擾，才是做人的最佳姿態。

最不可思議的是，
為沒做過的事而後悔

人們經常會隨意判斷行為的大小，比如「做了一件大事」，「一件小事也沒做成」等。

最不可思議的是，人們會為沒做過的事情而後悔，打心眼裏認為那是一件大事。他們認為如果當初做了那件事，情況就會發生轉變，因此後悔。他們誤以為自己認定、或者判斷的行為的「大小」，便是真相。

——《快樂的知識》

　　心理學家發現，比起做過的事情，人們更容易為沒有做過的事情而後悔。沒有做過的事會時常折磨我們，我們常常幻想如果當初做了那件事，結果會是怎樣的不同。

　　所以人們在生命盡頭往回看時，往往會發現有好多夢想應

該實現，卻沒有實現。

你的生活方式、你的工作、你的感情、你的伴侶，甚至於我們過著的是別人希望你過的生活，而不是自己真正想要的生活——又或者，一直以來你把別人希望你過的生活當作是你想要的生活。

來自美國一名叫博朗尼‧邁爾寫的《臨終前你會後悔的事》的文章，總結了生命走到盡頭時人們最後悔沒有做過五件事情，在國內外網站上被瘋狂轉載。

無獨有偶，在日本有一位年輕的臨終關懷護士大津秀一，她在親眼目睹、聽到一千例患者的臨終遺憾後，寫下了《臨終前會後悔的廿五件事》一書，與美國的熱帖內容不謀而合。

大津秀一說：「人們臨終前最常說的一句話就是：人這一輩子啊，太短了。」沒有實現夢想；被感情左右度過一生；沒有妥善安置財產；沒有考慮過身後事；沒有回故鄉；沒有享受過美食；大部分時間都用來工作；沒有去想去的地方旅行；沒有和想見的人見面；沒能談一場永存記憶的戀愛……

事實上，為做過的事情後悔情有可原，但是為了自己從未去嘗試的事而後悔，是一種最沒有意義的想法。

如果你後悔不已，或是自感羞愧萬分，然後自暴自棄，一蹶不振，或是自慚形穢，那麼你自己的這種做法就是極端的愚蠢了。

為沒有做的事後悔，是因為人們還存在僥倖的心理。已經做過的事無法再改變結局，但是沒做過的事請因為不知道結局，所以就心有不甘。實際上，若是當初你做了的話，有可能是相反的結果。

任何事情都是有風險的，就是因為你承受不了壞的結果，當時不敢想，不敢去做，害怕失敗，害怕落入低谷，所以現在的你也沒有資格去後悔自己的選擇。

你若想獲得別人得不到的東西，你就得付出別人不願付出的努力，尤其在年輕時，你完全有能力做自己想做的事。

你應該持有一種「不滿足的心態」去探索，成功固然好，失敗亦尤可。你嘗試了，你盡力了，你才能真正體會到其中的韻味，才能在探索的過程中真正享受到喜悅。即使失敗了，也失敗得有踏實，心甘情願。寧願為做過的事後悔，也不要為來不及做的事遺憾。

　　羅馬有一位知名的哲學家，迷倒了很多女人。
　　某天，一個女子來敲他的門說：「讓我做你的妻子吧！錯過我，你將找不到比我更愛你的女人了！」
　　哲學家雖然也很喜歡她，但他卻回答說：「讓我考慮考慮！」
　　事後，哲學家用他一貫研究學問的方法，將結婚和

不結婚的好處與壞處分別羅列出來，結果發現好壞均等，不知該如何抉擇，於是哲學家陷入了長期的苦惱之中。

最後，哲學家終於做了決定。他來到女人的家中，對女人的父親說：「您的女兒呢？請您告訴她，我已經考慮清楚了，決定娶她為妻！」

女人的父親回答：「你晚來了十年，我女兒現在已經是三個孩子的媽了！」

兩年後，哲學家憂鬱成疾。死前，他將自己所有的著作都丟入火中，只留下一段對人生的注解：

如果將人生一分為二，前半段的人生哲學是「不猶豫」，後半段的人生哲學是「不後悔」。

喬治五世在白金漢宮的牆上掛著一句話：「教我不要為月亮哭泣，也不要為過去的事後悔。」所以，想到什麼，就馬上去做吧，不管夠不夠資格。

生命也有保存期限，想做的事情就應該趁早去做，只有果斷地處理生活中的問題才能有一個無悔的人生。所以，與其過後為沒做的事情後悔，倒不如勇敢地去做了再去後悔，不要給短暫的人生留下遺憾。

是你想要的太多，
而不是擁有的不夠

即便是給人住所、娛樂、食物、營養與健康，人還是
會覺得自己不幸，還是會不滿。——《曙光》

一股涓涓山泉，沿著窄窄的石縫，叮咚叮咚地往下
淌，也不知過了多少年，竟然在岩石上沖刷出一個雞
蛋大小的淺坑，裏面填滿了黃澄澄的金沙，天天不
增多也不減少。

有一天，一位砍柴的老漢來喝水，偶然發現了清冽泉
水中閃閃的金沙。驚喜之下，他小心翼翼地捧走了金
沙。從此，老漢不再受苦受累，過個十天半月的，就
來取一次金沙，不用說，日子很快富裕起來。

老漢雖守口如瓶，但他的兒子還是跟蹤發現了父親的秘密，他埋怨父親不該將這事瞞著，不然早發大財了……兒子向父親建議，拓寬石縫，不就能沖來更多的金沙了嗎？父親想了想，自己真是聰明一世，糊塗一時，怎麼沒想到這一點呢？

說幹就幹，父子倆把石縫鑿寬了，山泉比原來大了幾倍。

父子倆天天跑來看，卻天天失望而歸，金沙不但沒增多，反而從此消失得無影無蹤。父子倆百思不得其解──金沙哪裡去了呢？

老子在《道德經》中說：「禍莫大於不知足。」

知足常樂，就是對幸福的追求持一種極易滿足的態度。一個人知道滿足，心裏就時常是快樂的、達觀的，有利於身心健康。相反，貪得無厭，不知滿足，就會時時感到焦慮不安，甚至是痛苦不堪。

古人的「布衣桑飯，可樂終生」是一種知足常樂的典範。

「寧靜致遠，淡泊明志」中蘊含著諸葛亮知足常樂的清高雅潔；「採菊東籬下，悠然見南山」中盡顯陶淵明知足常樂的悠然；曾國藩認為人生一切都「不宜圓滿」，以免樂極生悲，名其書房為「求闕齋」，體現了知足常樂的智慧。

林語堂說，半玩世半認真是最好的處世方法，不憂慮過甚，也不完全無憂無慮，才真正是最好的生活，這流露了知足常樂的幽默。

　　古希臘哲學家艾皮科蒂塔說：「一個人生活上的快樂，應該來自盡可能減少對外來事物的依賴。」羅馬哲學家塞尼加也說：「如果你一直覺得不滿，那麼即使你擁有了整個世界，也會覺得傷心。」且讓我們記住，即使我們擁有了整個世界，我們一天也只能吃三餐，一次也只能睡一張床。即使是一個普通工人也可如此享受，而且他們可能比洛克菲勒吃得更津津有味，睡得更安穩。

　　想要快樂，就要懂得捨棄。而外在的放棄讓你接受教訓，心理的放棄讓你得到解脫，從而內心變得安寧，情緒也才能好起來。托爾斯泰說：「欲望越小，人生就越幸福。」

　　人生的目標是沒有止境的，能及時感受到自己生活中平淡的幸福才會快樂。不過，能這麼想的人似乎越來越少，因為我們總是無視於現在的擁有，或許真的只有等到失去了，才知道它的珍貴……

　　我們要珍惜已經擁有的東西，珍惜現在，知足惜福。大多數人無視自己所擁有的，而去追求那些本不是自己真正需要的東西，直到失去本來擁有的時候，才懊悔不已。

不要試圖以德報怨

那些保持沉默的人，差不多經常是缺乏內心的精緻和雅致的。沉默是令人討厭的東西，把冤屈往肚子裏咽必然會產生不好的心情——甚至使人倒胃口。

——《瞧！這個人》

《論語‧憲問》中記載著這樣的討論：「或曰：以德報怨，何如？子曰：何以報德？以直報怨，以德報德。」原來，中國千百年講的「以德報怨」並不是孔子的觀點。

孔子說：你說「以德報怨」，那我們拿什麼去報答「德」呢？所以他認為應該「以直報怨，以德報德」，說的直白一點，就是「以牙還牙，以眼還眼」。

面對別人的冒犯，很多人基於從小受到的要「學會忍耐」的教育，往往會選擇沉默。

尼采在《瞧！這個人》表明了他的態度：「沉默，是令人討厭的東西。把冤屈咽到肚子裏必然會產生壞心情，甚至使人倒胃口。所有沉默的人都是消化不良的人。」

　　一味地忍耐、退讓，只會讓你給人一個好欺負、懦弱的印象。必要的時候，我們要學會反擊，學會表達自己的憤怒。

　　李敖曾說：「如果對於傷害過我們的人，還要施以仁慈、道義的話，那我們對於幫助過我們，給我們恩惠的人，怎麼辦呢？如果我們還是對他們同樣的報答，那我們不是是非不分，恩怨不明了嗎？」

　　面對一再欺負你的人，你的善良在對方看來就只是軟弱，這樣做對方不僅不會感謝你，還會覺得你很好欺負，因為你的善良過度了。

　　善良是做人最基本的品質，可有的時候，善良的因卻沒有良好的果，那是因為，善良一旦缺少智慧的指引，就會沒有清晰的是非方向，就像丟了指南針的旅人，總是犯簡單而重複的錯誤，這時的善良已經脫離了本質上的純潔了。

　　因為善良而受傷害的人，往往有些懦弱，甚至無知。因為當由於善良而受到傷害的人們發現問題的時候，大多不願意往壞處想，因為他們不願去面對並解決問題，不願意接受事實。所以就以一種犧牲的精神，將善良淋漓盡致地「揮灑」，這樣，善良的妥協和縱容，往往被「惡」所利用。

《水滸傳》裏，林沖空有一身好本領，卻沒有一點八十萬禁軍教頭的威風和派頭，他一副柔弱斯文的模樣，心地雖善良，但難免有一點迂腐和不諳世事。

　　他被高俅栽贓誣陷，發配滄州，路上被押送的官差百般欺辱，讓人感到「虎落平陽被犬欺」的悲憤，但同時也有他自身的原因。其實以他的武功，只需一招一式就可以了，即使帶著枷鎖也毫不費力，但就是因為他表現的太軟弱，所以才被兩個小人欺負。在經過野豬林時，兩個押送他的官差正準備結束他性命，若不是魯智深的及時出現，他估計早成了孤魂野鬼了。

　　人們常說「馬善被人騎，人善被人欺」，「老實人容易被人欺負」，其實，導致你受氣的不是你的「善」，而是你的「弱」。比如，有人無故羞辱你，你沒有反抗，選擇了忍受，這不但不會讓對方住手，反而會縱容對方平時壓抑的惡，你的善良將成為不善。忍讓不同於退讓，適度的忍讓是大度是寬容，而無原則，一味的忍讓則是懦弱與無能。

　　如果人們一味地強調「以德報怨」，則壞人將會有恃無恐，而老實人往往會吃虧。有些東西是不能去憐憫的，比如蛇，可憐他的老農也被牠害了。有些人應該與蛇是一樣的，會把你的善良與忍讓當成懦弱，這就是有些人有的只是蛇蠍心腸。發現這樣的人，抓緊離開，越遠越好，千萬不要再試圖用你的善良去改變他們。

為什麼不為夢想負責

> 我們會為過失負責，可為什麼不為夢想負責？
> 那難道不是你的夢想嗎？你不是口口聲聲說要實現的夢想嗎？你的夢想如此不堪一擊嗎？你的勇氣如此脆弱嗎？
> 難道那不是只屬於你的夢想嗎？如果你從最開始就沒打算為自己的夢想負責，那麼夢想怎麼會實現呢？
>
> ——《曙光》

　　夢想是發自內心的一種願望，是來自靈魂深處的呼喚。夢想是生活的一部分，不需要它帶來財富和名譽，也不以它為職業，但它會帶給你快樂。夢想是一個人存在的理由，否則人生就失去了其價值和意義。心中有夢想，人生就不會喪失希望，有夢想的人生才有目標，才會去奮鬥，人生因夢想而精彩！

在日本，有一位「五星級擦鞋匠」，他的名字叫源太郎。

源太郎初中畢業後為了糊口，曾經到處打零工。

偶然的一天，一位客人讓他幫助自己擦皮鞋，源太郎認真地幫他把皮鞋擦得錚亮，最後得到了豐厚的小費。從這以後，他決定把擦鞋當成自己的事業，他的夢想是：成為世界上優秀的擦鞋匠！

為了這個夢想，他先是花費三年的時間，遍訪了所有手藝好的擦鞋匠，虛心向他們請教。同時，他根據別人的經驗和缺點，總結出了自己獨特的擦鞋方法。

他不僅追求把鞋擦乾淨、擦亮，還仔細地研究皮鞋的品質，努力做到精通皮鞋的類型、質地。每有新品牌的皮鞋上市，他都要去買一雙親自感受，儘管價格非常昂貴。

對皮鞋的瞭若指掌，使得他擦鞋的技術達到了爐火純青的程度。他會根據不同品牌的皮鞋，選用不同成分的鞋油。遇到一些顏色罕見的皮鞋，他就用幾種顏色的鞋油自己調製。他還仔細地研究了各種鞋油的性質，努力做到既光亮，又充分滋潤皮革，讓皮鞋光澤更持久。

源太郎出名了，他成了希爾頓飯店的「定點擦鞋匠」，希爾頓飯店負責人讚揚源太郎是「五星級的擦鞋匠。」他的擦鞋手藝異常受歡迎，連日本前首相以及日本的財界大亨等一些著名人物都成了源太郎的常客。

還有一些超級明星，如麥可‧傑克森等人都曾把鞋送到他那兒擦過。

他的夢想實現了，他成為了世界一流的擦鞋匠。

一個小小的擦鞋匠，憑著滿腔的熱情和激情，也能取得如此大的成就，這就是夢想的力量。

有位哲人說：「離開了夢想，任何人都算不了什麼；而有了夢想，任何人都不可以小覷。」無論你身處怎樣的環境，只要心中的夢想不滅，你就會在生活中釋放出你的激情，將短暫的一生過得富有意義。

希拉蕊‧柯林頓曾說過，自己成功的秘訣之一就是敢為夢想付出代價。追夢的路上，充滿艱辛和困苦。然而為了到達夢想之巔，這些荊棘是你必須要面對的，你遭受的失敗和打擊也是你不得不為夢想付出的代價。因為只有不怕付出代價、勇於付出代價的人，才會最終實現自己的夢想。

失去了安逸的生活，是為了追求人生歷練；失去了高薪工

作，是為了在自己想要的領域獲得提升；失去了恬靜的生活，是為了朝最終的目標邁進。如果你害怕為此白白努力，害怕付出代價，那麼就等於束縛了你行動的手腳，但是只要你敢於付出代價，堅持不懈的努力就能助你實現目標。

自己的人生，自己把握；自己的夢想，自己勾繪。一個人的夢想如果輕易地就被別人的威脅或言語擊碎，那麼這個夢想也不是他們真心想要實現的。

一個真正偉大的人是敢於造就夢想而且不畏人言，在任何風吹浪打的情況下，都會不遺餘力去追求自己夢想的人。每一個人都要對自己的夢想所負責，只做夢，不去實現的人，是沒有資格抱怨不公平。

蘇格拉底曾說：世界上最快樂的事，莫過於為理想而奮鬥。每個人心中都有美好的夢想，只是在現實生活中，由於種種原因，美好的夢想都一一凋零了，能實現夢想的人很少。其實，不管身處何時何地，用自信和努力澆灌心中的夢想，夢想之樹便會永遠青翠。別枯萎了心中的夢，每天靠近一點點，總有一天你會到達夢的遠方！

第九章
友情開出的花

摯友之間，要保持這樣的關係：
尊敬對方多於自己。
愛對方是理所當然，但一定要更愛自己。
交往之中，應表現出親密與溫柔，
但要小心會讓自己陷入兩難的親密之中。

——《各種意見與箴言》——

君子之交淡如水

《莊子》記載，春秋末年，孔子因為再次被逐於魯國，逼得在宋、衛等國流浪，到處受到冷落，朋友們都漸漸與他疏遠了。孔子在歷經挫折之後，向隱者請教：是什麼原因形成這種窘境呢？

隱者告訴他：君子之交淡如水，小人之交甘如醴。人與人相交，以勢力相合的人，在窮迫禍患之際，必然負心相棄；不計較勢力，真正的朋友才能夠長相處。

水是人們日常生活中不可或缺的東西，雖然它沒有誘人的芳香，但卻常飲不厭；甜酒雖然美味可口，卻容易使人陶醉。朋友之間的關係若達到最高境界，那就是一種極純真的平淡關係，平平淡淡才是真。

北宋宰相司馬光推薦劉元城到集賢院供職。

有一天，司馬光向劉元城說：「你知道我為什麼推薦你嗎？」

劉元城說：「是因為我和先生往來已久罷！」原來，劉元城中了進士後，沒有馬上進入仕途，而是跟著司馬光學習了一段時間。

司馬光說：「不對。是因為我賦閒在家的時候，每到時令節日，你都會來信或者親自來看我，問候不斷。可是我當宰相以後，你卻沒有一封書信來問候我，這才是我推薦你的緣故。」

朋友之交，並不是因為對方的財富和地位，也不因為出眾的容貌，而是一種心靈的接受、一種精神世界的相通。也許是一個機遇、一個時點的相識，也許很普通，平淡的讓人沒有覺得有什麼不同。

真正的朋友不是找機會就麻煩、打擾對方，而是靜靜地遠

距離注視著對方。當他需要時，能及時伸出援助的手。

這就是「淡如水」的君子之交。君子之交，源於互相寬容和理解。在這理解中，互相不苛求，不強迫，不嫉妒。所以在常人看來，就像白水一樣淡。

道理誰都懂，但是有多少人能做到呢？你有沒有更偏心身邊那些不送禮、不吃請、不拉幫結夥、不阿諛奉承，只埋頭工作的朋友、同事或下屬呢？因為很少有人能意識到只有這樣的人，才是發自內心地在支持你並且無所圖。可惜的是，利益蒙住雙眼，人們往往就看不到平平淡淡的那份真情了。

現在很難看到淡如水的君子之交了。現代人的寂寞病導致了另外一種併發症，姑且叫做「友情失控症」。現在很多人交朋友走極端，「我選擇絕對或者零」，要麼朝夕相處，要麼橫眉冷對，不是孤傲得不行，就是依賴得要命。

朋友間不懂得控制和平衡，非冷即熱，很難體會到溫和清淡的境界。要知道，激情是不可能永遠燃燒的，激情在瞬間爆發，就會在眨眼間消耗殆盡。可樂和咖啡固然比較刺激，但水卻永遠是世界上最有地位的飲料。

《查令十字街八十四號》這本被全球人深深鍾愛的書，記錄了紐約女作家海蓮和一家倫敦舊書店的書商弗蘭克之間的書香情緣。

海蓮，一個住在紐約舊公寓的窮作家，一個對書有著非比尋常的迷戀和挑剔眼光的讀者，一個勇敢、率直、真誠的──如海蓮自稱的「小姐」，無意中看到一則倫敦查令十字街八十四號的馬克斯與科恩書店的廣告，去信詢問能否買到一些合意的書，書店經理弗蘭克‧德爾做了肯定的回覆，並寄來兩本書。

他們兩個一定未曾想到，這偶然的一念和平淡的開頭，竟會是往後綿長歲月的引線，竟會成為一則久傳不衰的佳話，口耳相傳。

雙方二十年間始終未曾謀面，相隔萬里，深厚情意卻能莫逆於心。無論是平淡生活中的討書買書論書，還是書信中所蘊藏的難以言明的情感，都給人以強烈的溫暖和信任。

這本書既表現了海蓮對書的激情之愛，也反映了她對弗蘭克的精神之愛。海蓮的執著、風趣、體貼、率真，跳躍於一封封書信的字裏行間，使閱讀成為一種愉悅而柔軟的經歷。

來往的書信被海蓮彙集成此書，被譯成數十種文字流傳。

純粹的友情是自由的，今天萍水相逢，彼此尊重的歡聚，

明天就可以平淡的分手，甚至彼此忘記對方，也無不可。而朋友之間交往愈久感情愈深，那帶著愛的友情固然浪漫，可就因這「愛」字令人常常在情與理的矛盾中掙扎。

因爲「愛」開始便要求恆久，便開始不能容忍更多的物件，也就再也不能清清爽爽地聊天了。從此我們就會陷入深深的痛苦之中不能自拔。

君子之交淡如水，就像清風徐徐，明月朗朗一樣，清遠無暇。朋友之間應該不是互相依賴的，而是能夠獨立開來，可以各自精彩，碰到一起好上加好。

相處的時候不纏綿，分離的時候也不依戀，想起他來會淡淡地會心的微笑，心甘情願又不刻意地爲他做點自己力所能及的事。

世間的友誼有很多的種類，每一種似乎都有它存在的道理。但是，「淡如水」的分量應當是最重最重的，而且，要放在心裏最顯著的那個位置。其餘的友誼，也要拿出應有的真誠來，但要有思想準備，如果有一天被哪位朋友傷了，不要過於傷心，想一想，你還有你的「淡如水」。

無論你貧窮與富貴、不管你平安與禍患，他都將是你一生的朋友。

嫉妒，會讓朋友離你遠去

嫉妒與自滿會讓朋友離你遠去，請務必小心。
——《人性的，太人性的》

「嫉妒」大家都不會陌生，因為你、我、他似乎都有過這種惱人的情緒體驗，特別是當嫉妒的對象是你的好朋友時，那種切膚之痛更是痛入骨髓，卻又是難以啓齒、羞於言表的。「嫉妒」可以摧殘一個人的心靈、扭曲一個人的心態。

越是朋友間就越容易產生嫉妒的情緒與舉動。因為既然能成為朋友，必有許多相似、雷同的特點，所謂「物以類聚」。越是朋友越會是旗鼓相當，越會使人產生天理不公、時運不平的哀怨。

當看到自己很想做的事情朋友卻已做了而且做得還不錯；

自己想要達到的目標，朋友卻已先於你達成了，這時嫉妒的心理便會像幽靈般如影相隨。

當我們產生嫉妒朋友時，彼此的友誼便會出現問題。嫉妒破壞友誼，是友誼的蛀蟲；真正的朋友是不會讓嫉妒存在於他們當中，因為物質可以追求創造，但友誼卻是彌足珍貴的。如果你已經擁有了一份真摯的友情，請珍惜，因為它一旦受損就很難再復原了。

羅素在其《快樂哲學》一書中談到嫉妒時說：「嫉妒儘管是一種罪惡，它的作用儘管可怕，但並非完全是一個惡魔。它的一部分是一種英雄式的痛苦的表現；人們在黑夜裏盲目地摸索，也許走向一個更好的歸宿，也許只是走向死亡與毀滅。要擺脫這種絕望，尋找康莊大道，文明人必須像他已經擴展了他的大腦一樣，擴展他的心胸。他必須學會超越自我，在超越自我的過程中，學得像宇宙萬物那樣逍遙自在。」

十九世紀初，蕭邦從波蘭流亡到巴黎。當時匈牙利鋼琴家李斯特已蜚聲樂壇，而蕭邦還是一個默默無聞的小人物。然而李斯特對蕭邦的才華卻深為讚賞。怎樣才能使蕭邦贏得聲譽呢？李斯特想了個妙法：那時候在演奏鋼琴時，往往要把劇場的燈熄滅，一片黑暗，以便使觀眾能夠聚精會神地聽演奏。

李斯特坐在鋼琴面前，當燈一滅，就悄悄地讓蕭邦過來代替自己演奏。觀眾被美妙的鋼琴演奏征服了。演奏完畢，燈亮了，人們既為出現了這位鋼琴演奏的新星而高興，又對李斯特推薦新秀深表欽佩。

在現實生活中，許多紛爭，都是因為人心胸狹窄而引發的。如果心胸更開闊豁達些，就能減少許多不必要的紛爭。有意識地提高自己的思想修養水準，是消除和化解嫉妒心理的直接對策。

拋掉嫉妒之心吧，用欣賞的眼光去看待身邊的人，特別是你的朋友。這樣你雖不能擁有朋友的成功，卻能享有朋友成功的喜悅，而且更重要的是，身邊的世界會因你的欣賞而變得更加美好，更加聖潔。

當你努力攀登頂峰時，學著把對他人的嫉妒轉化為對他們的成就感到驕傲。不要只是說：「我希望能夠跟他或她一樣。」你應該腳踏實地去做一些事，才能使得自己跟他或她一樣有成就。既然嫉妒的情緒並不能讓你由板凳隊員成為場上主力，那你為什麼還要坐在場邊任由這種情緒氾濫呢？

妒嫉隔閡了朋友之間的溝通，阻隔了感情的流通，妒嫉是友誼的剋星，只有打破它，我們才可以與朋友以誠心相見，消除隔閡。我們要摒棄妒嫉，記住，人無完人，對我們個人利

益來說，我們的缺點有時會得到朋友優勢的填補，這對我們是百利而無一害的，不要讓妒嫉擋住我們的視線。讓我們走得更近，與朋友無所不談，讓我們徜徉在友誼的海洋裏，深深感受友誼給我們帶來的快樂，這樣的人生才是完美的人生。

年輕時，
要結交能助你上進的朋友

年輕的時候，之所以驕傲自滿，是因為與同等水準的傢伙為伍，因此顯現出自己傑出的模樣。若是沉醉於這種感覺，實在是浪費光陰。應當儘快找到那些有實力、有作為，或是有功勞的人交往。

如此，那種自我滿足，以及沒有內涵的自覺瀟灑與誇大虛榮，都會消失殆盡。並且，會清楚地認識到自己現在應該做什麼。　　　　　——《人性的，太人性的》

人在年輕時如果交上好的朋友，不僅可以得到情感的慰藉，而且朋友之間可以互相砥礪，互相激發，共赴患難，成為事業的基石。朋友之間，無論志趣上，還是品德上、事業上，總是互相影響的。一個人一生的道德與事業，都不可避免地受到身邊人的影響。從這個意義上，可以說選擇能讓自己上進的朋友就是選擇一種積極向上的人生。

天文學家張衡的成就，與他一批優秀的朋友有著極大的關係。張衡在青年時代便與當時極有才華的青年人馬融、竇章、王符、崔瑗成了知己。其中的竇章，對天文、數學、曆法都很有研究。在與張衡的交往中，兩個人經常一起探討問題，這給張衡的幫助很大。張衡後來在天文學、物理學方面的偉大成就，有著竇章的不少功勞。

魯迅先生贈給瞿秋白的一副對聯寫道：「人生得一知己足矣，斯世當以同懷視之。」的確，朋友不是用數量來衡量的。就算你有一堆朋友，如果這些人個個都是酒肉之徒，那麼他們非但不會給予你任何幫助，反而會把你拖下水，這樣的朋友不要也罷。交友要秉持「寧缺毋濫」的原則，好朋友多多益善，壞朋友敬而遠之。

「蒼蠅不叮無縫的蛋」，之所以那些人品有問題的人會成為我們的朋友，主要原因還是在於我們自己沒有把握好交友的

尺度，在交友的過程中，忽略了對人品的考察，因一時的小恩小惠而與這樣的人結成了朋友。與這類人長時間交往下去，我們也會逐漸墮落，丟掉做人的原則，從而走上錯誤的道路。

因此，結交有益的朋友是十分必要的。朋友與書籍一樣，好的朋友不僅是良伴，也是我們的老師。年輕人之所以容易失敗，是因為不善於和前輩交際。

第一次世界大戰中法國的陸軍元帥福煦曾說過：「青年人至少要認識一位善通世故的老年人，然後請他做顧問。」薩加烈也說了同樣的話：「如果要求我說一些對青年有益的話，那麼，我就要求你時常與比你優秀的人一起行動。就學問而言或就人生而言，這才是最有益的。學習正當地尊敬他人，這是人生最大的樂趣。」

當然，要與優秀的人締結友情，跟第一次就想賺百萬美元一樣，是相當困難的事。這原因並非在於偉人們的超群拔萃，而在於你自己容易忐忑不安。其實，事實並不像通常所想像的那麼困難，你完全可以無所顧慮地和地位較高的人親近。

結交成功立業的前輩，能轉換一個人的機會和命運，結交比自己優秀的朋友，能使我們更加成熟。所以，要想有所成就，就要多結交比自己優秀的人。

不少人總是樂於和比自己差的人交際，因為在與這樣的友人交際時，可以讓你在同他的比較中獲得自信，保持優越感和

信心。可是從不如自己的人當中，顯然是學不到什麼的，它會讓你喪失掉前進的動力，看不到自己與優秀之人的差距，成為一隻坐井觀天的青蛙。

所以，我們要多和那些人格、品行、學問、道德都勝過你的人交往，儘量汲取種種對自己生命有益的東西。這樣可以提高我們的理想和志向，激勵你更趨於高尚，激發出你對事業更大的熱情和幹勁來。

當然，友誼也不是一廂情願的事，朋友必須是互動的，你只有不斷提升自己，才能在更高層次上結交更高的朋友。更重要的是交朋友，更重視朋友，做任何事情，千萬不能以犧牲友誼為代價。即便是失去一點點社會地位，或影響到自己的事業，也要讓友誼之花常開。一個人的成功、快樂和價值的體現，往往與你擁有朋友的多少，以及他們的品質有關。結交到的比你優秀的朋友越多，你就離成功越近。

曾國藩說過：「一生之成敗，皆關乎朋友之賢否，不可不慎也。」和優秀的朋友在一起，是一種精神文化的延伸。可以讓自己增加知識，增長見識，增大胸懷，是快樂的源泉。所以，我們要多結交優秀的朋友，能讓自己上進的朋友，而對那些讓我們停滯不前的人避而遠之。

留餘地，看破不一定點破

不必時刻都保持敏感。

尤其是在與人交往的時候，即便是看透了對方的心思或者某種行為，也需裝出一副遲鈍的樣子。

——《人性的，太人性的》

　　生活中，對於有些人做的不妥之事，即使我們已經看破他的心思，也是要把握好分寸，給對方留點面子，最好不要點破。在跟人交際中，一般應儘量避免觸及對方的敏感區域，避免使對方當眾出醜。

　　《菜根譚》中說道：「待人而留有餘，不盡之恩禮，則可以維繫無厭之人心；禦事而留有餘，不盡之才智，則可以提防不測之事變。」說的就是凡事留有餘地的作用。

魏王的異母兄弟信陵君，是「戰國四公子」之一，知名度很高，仰慕他的門客達三千人之多。

一天，信陵君正在宮中和魏王下棋，忽然下人報告說北方國境升起了狼煙，可能是敵人來襲。魏王一聽便打算召集群臣共商應敵事宜，而信陵君卻不慌不忙地說：「先別著急，或許是鄰國君主在打獵，我們的邊境哨兵一時看錯，誤以為敵人來襲，所以升起煙火，以示警戒。」

過了一會兒，又有報告說是鄰國君主在打獵。

魏王很驚訝：「你怎麼知道這件事情？」

信陵君很得意地回答：「我在鄰國布有眼線，所以早就知道鄰國君王今天會去打獵。」

從此，魏王疏遠了信陵君。信陵君漸漸失去了魏王的信賴，晚年沉溺於酒色，終致病死。

一個人知道了別人不知道的事，難免會產生一種優越感，這種旁人不及的優點，我們必須隱藏起來，以免招來禍事。

在人際交往中，有些事心裏明白即可，不一定非得說出來。適時地裝一下糊塗，有百益而無一害。因此，即使你能看透對方的內心，也不要點破，更不要胡言亂語，到處宣揚，因為這樣很可能會給自己造成生存危機。

有的人，在與人交流的時候，絲毫不考慮別人的感受，想怎麼說就怎麼說，就連別人避諱的敏感問題，也要窮追不捨地問下去，最後往往是不歡而散。但是如果你能給別人留有一定的餘地，在別人不想說的時候就轉移話題或者停止追問，這樣不但能獲得別人的感激，同時也會獲得別人的尊重。

　　人與人相處時，給人留下餘地就是給自己留下餘地。有的人說話的時候總是喜歡把人逼到死角裏，讓人沒有辦法回答，彷彿這樣就戰勝了別人贏得了勝利一樣。其實，你以什麼樣的方式對待別人，別人也會用什麼樣的方式對待你。給別人留有餘地是寬容的表現，也是維護人際關係必要的手段。

　　給別人留餘地，就是給自己留餘地。給別人方便，就是給自己方便。要知道，生活中有很多尷尬是由自己一手造成的，其中有一些就是因為話說得太絕造成的。凡事多些考慮，留有餘地，總能給自己留條後路。這在外交辭令中是見得最多的。不知你是否發現，每個外交部發言人都不會說絕對的話，要麼是「可能，也許」，要麼是含糊其辭，以便一旦有變故，可以有迴旋的餘地。

　　人在犯錯時，也許會對自己承認，但如果被人直言不諱地指出來，則往往很難接受，甚至會為維護自尊而展開反擊。而如果你只看破，不點破，在你瞭解了這件事後，還維護了正常的社會關係，沒有任何人會受到傷害，何樂而不為呢？

所以，爲人處世留餘地，得饒人處且饒人。不讓別人爲難，不讓自己爲難，讓別人活得輕鬆，讓自己活得瀟灑，這就是做人要留有餘地的妙處。看清看透是能力，「不點破」是大智慧；水至清則無魚，人至察則無徒；話到嘴邊留三分，不要把什麼都說破。做人不必太計較，糊塗一點更難得；寬容待人，給人留餘地，就是給自己空間。

相似的人更容易相互吸引

稱讚你的人，多半是與你相似的人，而你也同樣會稱讚與自己相似的人。

若非同道中人，是無法理解其真意的，也不知其善惡。而稱讚與自己相似的人，還能令你有被認同感。

人有不同的層次，理解與稱讚，乃至委婉方式出現的自我認同，都是在同一層次的人中進行的。

——《快樂的知識》

歐陽修在《朋黨論》中說：「君子與君子以同道爲朋，小人與小人以同利爲朋。」

　　所謂「物以類聚，人以群分」，講的也是這個意思。人們在交往中，如果發現彼此志趣相投，成爲知己朋友；相反，如果隨著交往的深入，發現雙方的價值觀有著天壤之別，即使彼此已經非常熟識，也會因爲這種觀念上的差異而分道揚鑣。

　　人們對和自己相似的人容易看順眼，容易成爲朋友。相反，如果志趣不投，人和人就不容易成爲朋友；即使本來是朋友，一旦發現志趣各異，也會變成陌路人。所謂「道不同不相爲謀」，志趣迥異的兩個人，無論相識多久，都如同兩條平行線，不管靠得多近，永遠也沒有交心的那一天。

　　心理學上把這稱作相似性原則：人們往往喜歡那些與自己相似的人。這裏所指的相似是指人們感知到的相似性，包括信念、價值觀、態度和個性品質的相似性，外貌吸引力的相似性，年齡的相似性，以及社會地位的相似性等。

　　心理學家認爲，跟自己相似的人交往能夠肯定我們自己的信念、個性品質和價值觀，起到正面強化的作用。在交往的過程中，也極少因爲觀念的相悖而發生爭執和相互傷害；此外，一些相似的人容易共同組成一個群體，人們生活在這個團體中，可以團結一致對付外界的阻力，增強安全感和歸屬感。

　　假使我們來到一個陌生的環境，發現自己與周圍的人格格

不入，不妨嘗試著「偽裝」一下自己，表現出與他們相同的特質，這樣就會更容易被他們所接納。

十九世紀的畫家梵谷出生於一個基督教牧師的家庭。廿五歲時，他來到比利時南部的礦區傳教，那裏的人們都以做礦工謀生，穿著破爛的衣服，滿臉煤灰。剛到那裏的時候，梵谷擔心自己不被他們接納。
一天，梵谷到礦區撿了很多煤渣用來燒爐子。因為時間緊迫，他還來不及清洗滿臉的煤屑，就登上講壇開始佈道。出乎意料的是，他的佈道很成功，受到人們的普遍歡迎。當他回到住處，準備洗臉的時候，猛然從鏡子中看見自己臉上沾著一層厚厚的煤屑。
「原來如此，」梵谷說道，「這就是他們認可我的原因所在。」從那以後，梵谷每天都往臉上塗煤灰，使自己看起來更像當地人。

在人際交往中，若能與那些相似的人交往，可以幫助我們在極短的時間內獲得真正的友情；另外，在與自己相異的人交往時，如果需要與對方建立起和諧的關係，我們可以嘗試著「求同存異」，儘量表現出自己與對方相似的一面。
當我們與他人初次見面時，通常會詢問對方「是哪裡人，

學什麼專業，在哪裡高就」等一些問題。一問之下，發現彼此竟是同鄉、同行、校友，頓生親切之感，消除了陌生人之間的隔閡。慢慢地，隨著談話的深入，你會發現兩人之間相似的地方越來越多，氣氛也會愈來愈融洽。

於千萬人之中遇見你，或許就因為一次投緣的談話，讓彼此覺得有那麼多相似的地方，於是原本萍水相逢的兩個人，相逢恨晚引為知己。

朋友之間不要太親密

摯友之間，要保持這樣的關係：
尊敬對方多於自己。愛對方是理所當然，但一定要更愛自己。交往之中，應表現出親密與溫柔，但要小心會讓自己陷入兩難的親密之中。 ——《各種意見與箴言》

朋友間建立一份真誠的友誼，的確是一件非常美好的事情。伯牙鼓琴，子期知音，高山峨峨流水琤琤。能夠保持這份友好的情誼，並使之能夠經受風雨的吹打，則是更為可貴的。

　　距離是人際關係的自然屬性，有著親密關係的兩個朋友也毫不例外。成為好朋友，只說明你們在某些方面具有共同的目標、愛好、見解以及心靈的溝通，但並不能說明你們之間是毫無間隙、融為一體的。

　　隨著距離的變短，「金無足赤」的人類的瑕疵會在友誼的光環中出現，過深的瞭解使你發現了對方人性自私甚至卑劣的一面。於是，不和諧便開始出現，被欺騙感和不忠實會使你對友誼產生了懷疑，冷淡和爭執又會將友誼根基所動搖，再難恢復其原來的親密感。這時你便會懊惱：「為什麼會破壞了相互之間的距離美、和睦美呢？」

　　很多人會誤以為好友之間是應該無話不談、親密無間，但卻不曉得過多瞭解別人的隱私和過多介入別人的生活，於人於己全都是負擔！無論你和你的朋友多麼知心，都須明白「疏不間親、血濃於水」的道理，你的朋友最親近的人是他的配偶、子女和父母，而不應是你。

　　生活中常見的一幕是：約朋友週末出來聚聚，朋友說要陪老婆或女友，便譏笑朋友「重色輕友」。其實，「重色輕友」也沒什麼不對，無論多要好的朋友，都不應佔用對方太多的時

間，不應過多介入對方的家事，不要經常性地無事拜訪或經常做不速之客。

而且，生活中總會發生跟自己朋友利益衝突有矛盾的時候。互相走的越近，傷害越大。有時候爭吵的時候會互相揭短，過後大家又很後悔，但已經來不及了。都說君子之交淡如水，好的友情並不是靠說出自己的隱私來維繫的，保持適當距離更能產生距離美。

在結交朋友的時候，不要一味相信對方的友誼。如果對方是一個別有用心、居心不良的人，友情隨時可能被玷污。因此你必須謹慎從事，這對你沒有任何壞處。常言道：「逢人只說三分話，未可全拋一片心。」

如果你的朋友是個知情達理的人，他必定會勸告你、開導你，勸說你不要隨便議論他人。如果你的朋友是一個好惹事生非的人，他就很有可能把你的話傳給你議論的人，引起對方的怨恨。如果你的朋友用心不良，還會誇大事實，添油加醋，有意挑起衝突，則很有可能使你在朋友中處於十分尷尬的境地，嚴重的還會釀成大禍。

距離產生美感。朋友之情再深，也不必天天在一起，因為相距越近，越容易挑剔對方的缺點和不足，忽視對方的優點和長處，長期下去，會導致矛盾摩擦甚至斷交。對朋友要「敬而無失」，只有朋友之間保持一定的距離，才可以使朋友彼此忽

視缺點，而發現的是對方的優點和長處，並對對方有所牽掛，這樣友誼才易於維持下去。

如果兩個好朋友在事業上能夠志同道合，在生活上能夠互相關心，而在私人生活上又相對獨立，彼此不打擾對方喜歡的生活，那才是一種高尚的友誼，相信這也正是我們作為別人朋友所要追尋的境界。

遠離喜歡插手朋友私事的人

有人覺得，因為彼此關係親密，所以插手對方的私事也無妨。千萬不要與這些人結交，他們表面上把你當家人看待，實際上是想要支配你、影響你。
——《漂泊者及其影子》

航海有時需要棄船，人生有時需要棄友，二者都是非常之舉。朋友是裝在腔子裏的一個靈魂，但交友選擇錯誤，或朋友的人格起了變化，這就出現了如何由朋友變成非朋友的問題。

有一種人，喜歡給別人出謀劃策或指導、忠告，對於朋友的事情更是如此，什麼事情都要插一手，試圖用他的行為方式和觀點去改變別人，將自己的思想強加於人。

這類人有強烈的控制欲望。內心的不安全感會導致強烈的焦慮不安，這種焦慮沒有適宜的出口，只能以過分的控制加以補償，控制事情的發生和發展，控制自己的言行準確無誤，還要控制其他人也要遵循他個人的規則。

表面上看，這種人總是自以為正確，其實內心缺乏自信。只有別人遵從他的指令，他才能感到被人認可，也才能從內心認可自己。一旦遭到質疑，他就會大為光火。與這種人交往，自己不僅說不上話，而且難有進步。這樣的友誼不該繼續下去，我們一定要痛下決心，遠離這種朋友。

朋友的感情不要去評論，只能試著去理解。感情是兩個人的事，如果第三個人插手，就會變得複雜起來，即使你們是朋友也不行。在朋友遇到感情問題時，也是他最脆弱的時候，他需要的是安慰，不是指責，也不是指手劃腳。

在這個時候，真正的朋友就會去體諒對方、安慰對方。而那些控制欲強的人，則會把自己的觀點強加給朋友，對朋友進

行批評或指責。

一位哲人說：「親密的友誼，可以不拘禮節，此乃理所當然。但是，話雖如此，並非就此容許踏入他人絕對禁止入侵的領域。無論彼此的關係如何，都必須保持某種程度的禮節。」

距離產生美，好朋友雖然可以親密無間、朝夕相處，但也應該給彼此互留一個適度的空間。

要尊重對方，不要任意打探朋友的隱私，對朋友不願多說的事不應刨根問底，更不能在別人面前說三道四。每個人都有自己相對獨立的生活，有人總想介入朋友的生活，這種行為就好像緊靠在一起取暖的兩隻刺蝟，為了得到彼此的溫暖，卻忘記了自己身上長滿了利刺……可想而知，牠們的結果一定是將對方刺得遍體鱗傷，把自己也扎得體無完膚。

朋友間應保持適當的距離，懷著關切的目光在旁邊默默注視著他，一直默默關心著他；絕不過多干涉對方的生活，只在他需要的時候挺身而出，為他排憂解難，像一場及時雨一樣滋潤著朋友的心田，令他倍感輕鬆，這才是真正的朋友。

面對朋友的感情問題不要觸及，因為你的評論不可能會站在兩個人的角度上去考慮，也不會一個人體會著兩個人截然相反的感受，更不可能感受到他們由相愛到分手、海誓山盟變為分道揚鑣的整個過程，所以你的評論是不真實的，不切實際的，反過來評論朋友的感情是與非對於你來說沒有一點好處，

反而爲你們的友情添加了一些傷痕。

再親密的朋友也要互相尊重。友誼之花，也要大家一起澆水，細心照料，這樣的花才能長壽，才能豔光照人。相反，粗暴的對待、踐踏，都是對友誼的一種背叛。

每個人都有自己的生活方式，就算懷有很好的期許，朋友也不要過多的干涉朋友的愛恨，有時候有些話點到爲止才是起碼的尊重。所以，遠離那些自以爲是的朋友，自己的生活方式自己做主。

多看別人的長處

觀察別人的時候，應該多看他的長處。
如果你只看一個人的缺點，說明你的狀態很不好。因爲你想通過別人的短處，而掩蓋自己的愚蠢，或者自己不願努力的事實，你會騙自己說：「我比他強。」
——《善惡的彼岸》

古語說得好：「惟盡知己之短，而後能去人之短；惟不恃己之長，而後能收人之長。」金無足赤，一個人待人處事上如果總是愛放大別人的缺點，或者盯著別人的缺點不放，一定不會有很多朋友。

人人都渴望他人看到自己的長處，這並不是為了講面子，圖虛榮，而是想得到認同與肯定。所以，多看別人的長處，把讚美的話多多地送給別人，真誠地讚美，會讓別人臉上綻放燦爛的笑容。看不到別人的長處，就不能與別人和諧相處。

這個世界並不缺少美，缺少的是發現美的眼睛。整天只是看到別人的短處，而看不到或不願看到別人的長處，如此長久，我們的眼光就會逐漸暗淡，心情也會隨之陰沉，慢慢地也就感覺不到明媚的陽光。

生活中，學會欣賞他人的優點，不但可以讓我們體會到欣賞別人優點的樂趣，也能讓他人享受到被讚美的喜悅。唯此，才能在人與人之間搭建起一座可以順暢自如地溝通的橋梁。

當我們可以在彼此身上吸收更多的優點時，我們的心也會因仰慕和欣賞而變得更柔軟，我們的交流與合作也將會因此變得更加和諧。

人無完人，尺有所長，寸有所短，採人所長，補己所短，才能有進步。多看別人的長處，就會找到一份平常的感動，就

會讓自己的心境愈加樂觀，也會讓我們更加平易近人和樸實無華。朋友之間，多看別人的長處，友誼之樹就會越長越高。

「江南才子」文徵明是明代中期最著名的畫家、大書法家，他生性最不喜歡聽到別人的過錯。有人想要把別人的過失告訴他，他必會巧妙的轉移談論話題，使對方無法說下去。他終生也都如此。

宋朝的歐陽修，文章寫得非常好，是歷史上有名的大文學家，可是他對待客人，總是多談朝廷施政的事情，而不談及文章。當時的蔡襄精通政事，但是蔡襄對待客人，是多談文章，而不談及政事。這兩位先生都是非常的善於韜光養晦，不會在別人的面前炫耀自己的長處，所以在歷史上都能夠享有盛名，而且官也做到了極其顯貴的地位。

被稱為「初唐四傑」的盧照鄰、駱賓王、王勃、楊炯四人以文章而享有盛名，個個才華蓋世。當時的大臣裴行儉有知人之明，他見到盧照鄰等四人後說道：

「讀書人以後能不能夠發達久遠，鴻圖大展，應該是先要看他有沒有寬宏的器識，其次才是他的文章啊！王勃他們四個人，文章雖然好，但是多顯得浮躁淺薄，喜歡炫耀自己的才華，這不是享有爵祿福報的根器啊！楊炯這個人還稍微顯得沉靜收斂一些，他能夠善終，就算是十分的幸運了啊！」

後來這四個人的命運，果然如裴行儉所說的一樣，只有楊

炯得以善終。

一個人想要贏得友誼，就要多看對方的優點和長處。其實，每一個人身上都有長處，問題是在於能否被發現。比如某人在事業上很有才氣，但在生活處世能力上卻很差，那麼，如果選擇其長處學習，你就會和對方建立起友誼，相處和睦。相反，如果你睜開兩眼看對方，要求對方什麼都好，那麼，最終會使你失去友誼和失去朋友。

我們不能以個人的喜好作為標準，去衡量和要求別人，更不能求全責備每一個人。試想：難道我們自己就一點毛病也沒有嗎？

放大別人缺點的同時也就渺小了自己，助長了自己挑剔的個性。待人處事須要有寬容之心，適時忽略他人身上的缺點，多多尋找哪怕是微不足道的優點，唯有如此，才會有利於人際關係的和睦。

第十章
愛的眞諦

不用愛來彌補兩個人之間的差異，
也不用愛來將一方拉向另一方。
為兩者之間的不同而喜悦，
這才是愛的眞諦。

────《漂泊者及其影子》────

當你足夠優秀，愛情自會降臨

你是在等合適的人出現嗎？你是在找一個戀人嗎？你想找個深愛自己的人嗎？沒有比這更自以為是的了。你是不是努力成為一個優秀的人，讓更多人喜歡你？只要有一個人愛自己就夠了？那個人也是人群中的一個啊。大家都不喜歡你，又有誰會去愛你呢？喂，你沒糊塗吧？你這是在強人所難呢。

——《人性的，太人性的》

　　每個人都想要自己的另一半足夠優秀，但是，在此之前還是先看看自己是不是比較好，看看自己是不是能夠配得上對方。否則，就算我們的生活中出現了這樣優秀的人，也未必抓得住，最後的結局只會是他和我們擦肩而過，成為匆匆過客。

　　如果有幸與這樣優秀的人結識，相知相戀相愛，這應該是最完美的事兒了吧。但我們的內心想必肯定是有深深的不安，

深怕得到後失去，這樣的感覺遠比一直沒有得到來的更痛苦。

正如很多人都懂的一個道理：機遇往往是留給有準備的人。愛情也是一樣的，愛情也會在我們準備好的時候，悄悄來敲門，來到我們的身邊。這裏所指的準備好，正是讓自己變得足夠優秀的意思。

當你是一個賣火柴的小女孩，只能有買火柴的顧客來。但是，當你是公主時，自然就是王子來，當然，還有你曾經夢想的生活。你是什麼人，就會遇到什麼人。所以，在愛情之前，不妨先讓自己足夠優秀，用優秀的自己去追逐愛情。

中國自古就有「門當戶對」之說，即使在社會風氣開明的今天，這句話也並不過時。不管是愛情還是婚姻，都需要兩個人在各方面達到一個平衡對等的狀態。在現實生活中，我們也不難找到兩個差距太大的人結婚的例子，但是他們的婚姻往往並不幸福，王子和灰姑娘的故事畢竟只是童話故事。

只有當我們有了足夠優越的本錢時，嫁一個好男人也就自然成了順水推舟的事情，指日可待。要記住，愛情不是偶像劇，只有社交能力強、對事業投入，又為人正直、富有同情心，無論是獨處還是與許多人在一起都能怡然自得的女人才更容易吸引優秀男人的目光。

優秀是一種習慣，我們不能僅僅要求對方足夠優秀，更應該提高自身素質，讓自己也變得優秀起來，吸引越來越多人

的目光。在以高標準、嚴要求的標準來挑選自己未來的另一半時，也以同樣的標準來要求自己。這不僅僅是為了我們所愛的人，也是為了讓自己更加完美。

　　所以不要再怨天尤人了，我們應該讓自己優秀起來！就算現在沒有很高薪的工作，但是你一樣可以過得好。沒有人陪你，你還有奮鬥陪你，還有進取陪你，自然還有你的理想陪你。在沒有遇到愛情之前，請把最好的年華留給自己。

感情是慢慢培養出來的

聽第一遍音樂的時候，不要因為陌生而厭惡。應當懷著忍耐，努力聽到最後。重複幾遍後，便會有親近感，發現其深處的魅力，繼而愛上它。
不只是音樂，我們很多所愛之物，都是從陌生開始的。工作也好，愛人自然也不例外。　——《快樂的知識》

有些人總想碰見個完美的愛人，一見傾心，恩愛白頭。而事實往往是，一見鍾情，再而煩，三而厭。反而是那些日久生情的配偶，比較經得起時間的考驗。

　　不要迷信一見鍾情。第一眼看到對方，就愛上了對方，但是這種美麗的遇見，由於沒有經過相互瞭解，所以也很不穩固。事實證明，閃電般戀愛、草率結婚常常導致婚姻的悲劇。

　　這世上除了令人驚羨的帥哥美女外，還有許多耐看型的男人和女人。只要外表尚且過得去，那就多給對方一些時間，多進行接觸和瞭解，見過幾次面之後，再做決定也不遲。或許在你與一個人初次見面時，他的形貌平平絲毫不能引起你的興趣，但是這並不排除在經過長時間的相處和瞭解下，你會對他產生情愫的可能。

　　在古代，男女雙方結婚前連對方的面都沒見過，但也傳出了不少轟轟烈烈的愛情故事。反觀先戀愛後結婚的現代社會，離婚率卻越來越高，「閃婚族」也往往會淪落為「閃離族」。

　　如果我們把愛情比作美食，「一見鍾情」的愛情就像一份速食，只能讓人滿足一時的口欲，保持一時的新鮮感，而當人們意識到它無法提供自身所需要的營養時，自然會選擇放棄；而「日久生情」的愛情就像是一份老火靚湯，經過長時間的細火慢燉，不僅營養豐富，而且味道回味無窮。

　　對於外表不要用太多的有色眼光去看，自己是要找一個伴

侶，找一個在自己傷心時安慰自己、在自己失意時鼓勵自己、在自己有成就時比自己還高興的人一起生活的，如果只尋求那些美女或者帥哥，在以後的生活中，他們不一定會分擔你的喜怒哀樂。

人們常說：「和一個愛你的人在一起生活會比和一個你愛的人一起生活，更容易獲得幸福。」如果兩個人在結婚前並沒有那麼深刻的感情，那也沒有關係，我們可以通過婚後生活的一些小細節，讓彼此的感情升溫。

在感情中雙方都要學會「求同存異」，兩個人生活在一起，脾氣性格、生活習慣和愛好都不可能完全相同，非要把自己的標準強加給對方，只會引起對方的反感和不滿。「大事求同，小事存異」才是明智之舉。同時，也不要斤斤計較於一些雞毛蒜皮的小事。

瞬間的激情，碰撞出閃電般的火光；霎時的兩情相悅，演繹成海誓山盟。但這一切，並不足以照亮通往婚姻殿堂的康莊大道。那麼多跋涉在愛情征途上的男女，在美麗的愛情之花綻放時，仍然選擇持久地去瞭解、認識、考驗對方。慢慢培養出來的感情才能抵擋住漫漫人生路上風雨的侵襲。

找個能聊天的人結婚

假如你在為結婚的事情猶豫,那就先安靜下來,問自己一個問題:「當你年過八九十,是否依舊能與對方交談甚歡?」

漫長的婚姻會經歷很多事,但那些都是暫時性的,總有一天會消失。但,只有兩個人之間的談話,會佔據婚姻中的大部分時間。而且,隨著年齡的增長,對話的時間也會增多。

——《人性的,太人性的》

　　生活在我們面前就像一個巨大的漏斗,年輕的時候,遇到的人多,想說的話也很多,無所顧忌,和任何人都可以談得津津有味。但是,隨著年齡的增大,我們會慢慢地發現,能聽你說話、和你說話的人越來越少,有時候這些居然都成了自己的一種奢侈。

這個時候，我們就會想，如果我們的另一半是那個可以和自己聊天的人，那該多好。

如果可以和一個愛和自己聊天的人一起走過一生，該是多麼美好的事情，如果兩個人每天連話都說不上幾句，又怎麼能一起走到老呢？如果一定要勉強走到老，豈不白活了嗎？

財富和事業只能決定一個人是否優秀，不能決定他是否幸福。無論對誰，真正的幸福都是很平凡很實在的。

在我們的生活中，需要有一個知冷知熱，能跟我們的思想和情感產生共鳴，或者至少可以深刻理解我們的人跟我們交流、溝通。只有這樣，我們才能趕走生活中的孤單和寂寞。

科學顯示：一個人，尤其女人，每天要說夠一定數量的話，心情才會好，內心才能保持平靜。而一個不肯陪妻子聊天的男人，會讓妻子整日心生鬱悶。然而聊天並不是女人的專利，男人也一樣有這樣的需求。因為，人是屬於社會的，不能總是與孤獨相伴，一個正常的男人不說話不代表他不想說，而是沒有一個合適的人來傾聽。

要結婚，就找一個能跟自己聊天的人，兩個人除了能夠溝通外，最好還要有共同的興趣愛好和人生價值觀。如果連最起碼的溝通都做不到，又沒有共同的興趣愛好，那麼結婚後也會因為兩人步調的不一致而讓彼此苦惱不堪。

試想如果兩個人生活在一起，但是沒有共同語言，只是搭

夥的過日子，兩個人都挺可憐的。

　　每天上班時，還會有同事可以談天說地，解解悶，下班之後，回家要面對一個沒有什麼話可以說的人，真是一個可怕的情景。長此以往，家又何稱為家？倘若是上班時，再沒有合適的人解悶，那麼時間長了，這個人一定會得抑鬱症的，或者會喪失部分語言的功能。

　　找一個能跟自己聊天的人結婚，看似簡單，其實並不容易。能找到一個願意隨時跟你說話的就更不容易了，因為這意味著他要隨時準備停下手中的事情來陪著你。

　　有人說，不要因為孤獨去戀愛結婚，可是，孤獨是人類的宿命。如果沒有孤獨，又怎麼會自覺靠近？所以，過來人都會勸年輕人：找一個你愛與他聊天的人結婚，當我們年齡大了以後，就會發現喜歡聊天是一個人最大的優點。

　　找到一位能溝通、能聊天的知心愛人是一生的幸福。

　　所謂「夫妻本是同林鳥，大難來時各自飛」，正是舊時代沒有心靈融合的不幸婚姻的真實寫照。真正的愛人，是可以為之付出生命的。

　　如果在婚姻的漫長歲月中，兩人天天相對無語，沒有精神的交流，那將是一件很鬱悶的事情。

愛不會一成不變

行動可以許諾，但感覺不可以許諾，因為感覺是不自覺的，不受控制的。一個人許諾他永遠愛誰，或永遠恨誰，或永遠忠於誰，就等於許諾了自己理所不能及的事。

愛的感覺雖然不可許諾，但我們可以許諾由此引發的行動，引發人們去愛、恨、忠誠這樣後果的，還會有其他動機，而不只是來源於內心的感覺。

如果要許諾，我們可以許諾行動。比如，許諾愛一個人，我們可以許諾：只要我愛你，我將對你做出愛的行動，假如我不再愛你，那你也將繼續從我這裏得到同樣的行動，儘管是出自別的動機。

於是，表面上看，我們的愛似乎沒有變化，仍然和從前一樣，其實那也許只是愛的表面現象。

——《人性的，太人性的》

熱戀中的人往往山盟海誓，承諾給對方永恆不變的愛情，然而花無百日紅，愛情也有它的保鮮期。當燭光晚餐、百依百順的日子結束；當鍋碗瓢盆、怨聲載道的瑣碎開啓的時候，我們的心就會慢慢地由倦怠轉向麻木，繼而開始回味並嚮往那曾經的美好，往日的歡顏。

每個人都會變，愛情也一樣。當兩個人牽手走進婚姻，面對生活中的瑣碎，愛情會隨著時間的推移慢慢變淡，只有愛情雙方用心經營，共同成長，愛情才會持久。

有一個作家說：「如果說婚姻是河流的話，那麼責任感便是這條河流的堤壩，沒有責任的婚姻，必然如沒有堤壩的河流一樣，遲早會乾涸甚至死亡。」

現代社會充滿了太多的誘惑，城市有時就像一個陷阱，正張大了嘴等著你掉下去。假如我們失去了責任這道堤壩的約束，任由內心的各種私欲膨脹，那麼欲望氾濫的結果就是愛情的枯萎、婚姻的死亡。

我們應該重視這道堤壩的作用，在婚姻生活中時時提醒自己，遇事能以家庭爲核心，時時考慮到自己在家庭中所扮演的角色，那麼，婚姻自會穩固又健康。

有人說，夫妻是沒有血緣的親人。當你將自己的愛人像親人一樣關心的時候，愛情已經質變，當初的皮已經和肌肉骨頭長在一起，成爲不可分開的一體。

當愛情已昇華成一種與生俱來般的親情時，它就比愛情更穩定，比愛情更安全，它會擁有愛情所期盼的永恆，讓兩個人在婚姻的圍城中相擁相伴，不離不棄。

　　「在天願作比翼鳥，在地願爲連理枝。」這兩句詩是古人對美好愛情的憧憬，長相廝守依舊是大多數夫妻的共同心願。然而，愛情有的時候並沒有我們所想像中的那麼美好。因爲美在戀情，不在生活。

　　也許，經過漫過歲月的長河，曾經的激情已日趨平淡，而這種平靜的生活或許也會令你覺得倦怠，但是，這決不是你逃脫責任的藉口！只爲貪戀一時的激情，就可以摒棄曾經的海誓山盟，又有何資格，再談愛情？即便真的得償所願，待到哪天激情退卻過後，會不會再次舊戲重演？

　　婚姻並不只是一個形式，而是一個承諾，一份責任！如果你無法兌現，甚至是承擔不起，那麼，在沒有對彼此造成傷害之前，保持理智和清醒，愛一個人，就應該給她幸福和依靠。感情應該要綁定責任，婚姻才不至於只是空殼，把愛情昇華爲親情，婚姻才會穩固。

愛真實的對方

愛，不是將年輕美貌的人占為己有，也不是將優秀的人占為己有，或是將其置於自己的影響之下。

愛，不是去尋找與自己相似的人，也不是接納喜歡自己的人。

愛，是為對方的真實狀態而喜悅。即便對方是與自己在感性上相反的人，也要為他的感性而開心。

不用愛來彌補兩個人之間的差異，也不用愛來將一方拉向另一方。為兩者之間的不同而喜悅，這才是愛的真諦。

——《漂泊者及其影子》

　　江山易改，本性難移，不要試圖去改變你的愛人，即便你的話是真理，極具震憾力，也僅能在思想層面帶給別人瞬間的觸動，很難帶來實質性的改變。愛情真正的意義並不是幫助、控制和改造別人，而是能夠發掘、欣賞和接納真實的對方。

亨利・傑姆斯說過：「跟人們交往應當學習的第一件事，就是不可干涉他人尋求快樂的特殊方法……」

　　英國政治家迪斯雷利在三十五歲之後才結婚，他所選擇的有錢寡婦瑪麗安既不年輕，也不美貌，更不聰敏。她說話時常發生文字或歷史錯誤，令人發笑。例如，她永遠不知道希臘人和羅馬人哪一個在先，她對服裝的品味古怪，她對房屋裝飾的品味奇異，但她是一個天才，在婚姻中最重要的事情──對待男人的藝術上。

　　她從不跟丈夫的意見對峙、唱反調。每當一整個下午，迪斯雷利跟貴夫人們對答談話，而精疲力竭地回到家裏時，她總會立刻讓他能安靜休息。這個愉快日增的家庭裏，在他太太相敬如賓的柔情中，他得到了安閒休養心神的港灣。

　　與他的夫人在家所過的時間，是他一生最快樂的時間，她是他的伴侶，他的親信，他的顧問。每天晚上，他由眾議院回來，告訴她日間的新聞。重要的是，凡是他努力去做的事，她從不認為他會失敗。

　　對待自己的夫人也一樣，無論她在公眾場所顯示出無知，或沒有思想，他永不批評她，他從未說出一句

責備的話；而且，如果有人敢譏笑她，他即刻會起來護衛她。瑪麗安不是完美的，可是在迪斯雷利的包容下，她始終保持原本的自己。

迪斯雷利說：「結婚三十年，她從來沒有使我厭倦過。」

他們兩人之間，有一句常說的笑話。迪斯雷利說：「你知道，我和你結婚只是為了你的錢嗎？」瑪麗安總笑著說：「是，如果你再一次向我求婚時，那必然是因為你愛我，對不對？」

不同的成長環境，不同的思維、不同生活習慣的兩個人會湊在一起過日子，必然也會因為很多細節、問題產生矛盾。雖然這些矛盾都是一些雞毛蒜皮的小事，可是它們卻往往是最會消耗婚姻的耐受力。

尊重彼此的差異性，學會理解你的配偶是個獨立的個體，在各個層面都存在與你相異之處。你必須學會尊重這些差異，站在對方的立場來設想、將心比心，問題就會較容易解決。有差異並不可怕，可怕的是你不敢去面對差異，而選擇了逃避的道路。其實，在婚姻中要承認存在著差異，有時差異性還恰恰是兩性相吸的原動力。

愛情好像是一件易碎品，只有精心呵護，才會完美無缺。

愛人的缺點就好像是一件工藝品上的斑點，怎麼看都不舒服，總想去掉它。過分的改造，就好像去掉工藝品上的斑點，不留一點痕跡。用心當然是好的，可是你打磨來打磨去，斑點沒有打磨掉，還可能把工藝品打碎了。

每個人都不能白璧無瑕，就像太陽上有黑點，可誰會因此就否認它的燦爛光輝呢？心理學家卡爾·羅傑曾這樣比喻：「當我漫步在海灘觀賞落日的餘暉時，我不能這樣要求，『請將左邊染上一點桔黃色。』或者說，『你能在背後少染一點紫色嗎？』因為我喜歡那落日時不同的自然景色。我們對待心愛的人不也應該這樣嗎？」

愛情的內涵之一就是無私與奉獻，愛就是讓自己所愛的人感到自由和快樂，讓他按照他原原本本的樣子去生活與發展，而不是扼殺對方的天性。愛一個人，就不要試圖改造他。愛情不是征服，也不是順從。

愛一個人，是因為他身上散發著特有的、吸引自己的魅力，這魅力包括對方全部的優點和缺點。愛他，就要愛他的優點，包容他的缺點，心甘情願地感染他的氣息；也默默地用自己的氣息感染自己的愛人，影響他的思想、生活和靈魂，但不要改造！因為愛情是需要相互欣賞、互相體恤，相濡以沫、共度人生。不要忘記，當初我們的承諾——「我愛你」這個「你」，正是最初的對方。

享受兩個人的美好

> 一起沉默是美事一樁。而比這更美妙的是一起微笑。
> 兩人以上共同生活，經歷相同的事情與感動，一起流
> 淚，一起歡笑，度過同一段時光。
> 還有比這更美妙的時期嗎？　　——《人性的，太人性的》

　　在尼采的**《善惡的彼岸》**中有一則「關於女性的七則格
言」，第一句便是「有個男人向我們匍匐而來，最長的無聊時
間便會逃走！」

　　兩情相悅，自古以來就是人世間最美妙的事情。

　　列夫·托爾斯泰曾經說過：

　　「神奇的愛，會使數學法則失去平衡。兩個人分擔一個
痛苦，只有一個痛苦，兩個人分享一個幸福，卻能擁有兩個幸
福。」與人分享幸福，那麼，幸福才更有滋味。

人們向來以為，浪漫必定和鮮花、燭光、音樂相連，卻不知道，幸福其實與財富無關，兩個人的相知相許，相依相伴，就是充滿安全感的守護。只要有兩顆相愛的心，就可以製造別緻的浪漫，彼此都是對方生命中的禮物。

　　兩個人同在一個屋簷下，彼此擁有溫馨的每個晚餐；兩個人漫步在風雨中，相互依偎著同撐一把傘；兩個人攜手同遊，相扶相攙，一路相伴向前；兩個人的海灘，有了彼此在身邊，今生無憾；兩個人的日子，相互愛戀，每一個眼光都是心動的音符。

　　其實無論是明星還是老百姓，面對生活中無數的痛苦和壓力，形單影隻的狀態總會有扛不住的時候，那種在某種虛脫時刻沒有肩膀沒有擁抱的滋味，想必很多人都有切身體會。兩個人在一起互相照顧，互相牽掛，寂寞時有人陪，心情好的時候一起聽聽歌，看看電影，分享一天的瑣碎事，說說甜言蜜語……無論世界如何寒冷，兩個人的溫度，就足以溫暖彼此。

　　但生活中，很多情侶在一起的時候，因為小事而爭吵，因為工作應酬而匆匆走開，因為下班晚再見面後不停地抱怨，甚至於出去約會都會不歡而散。

　　有句話說得真好，「相遇，不是用來生氣的。」為什麼不享受兩個人在一起的美好呢？既然我們相愛，既然我們在一起，那此時所有的壞天氣，壞心情，所有的牢騷和不滿，都在

愛的面前變得渺小甚至煙消雲散。

　　兩個人的時光是美好幸福的，兩個人的世界是五彩繽紛的。所以，請好好享受兩個人在一起的生活吧，一起去看日出的輝煌和日落的淒美；一遍一遍地翻著相冊，回憶某一年某一刻的甜蜜溫存或者爭執吵鬧；一起關注這個世界的每一個新的變化，共同成長……兩個人在一起最美好的感覺，就是「一起慢慢變老」。

在婚姻中培養友誼

　　良好的朋友關係是幸福婚姻的基石，因為婚姻生活雖然是男女之間的關係，但是其基礎仍然是培養友誼的才能。
　　　　　　　　　　　　　　　　　——《人性的，太人性的》

法國作家莫洛亞在《論婚姻》中說過：「在真正幸福的婚姻中，友誼必須與愛情融合在一起。」

　　趙雅芝說她維持愛情的祕訣就是：將老公當作朋友。朋友之間，無話不談，但是還是有彼此的空間。

　　的確，現實生活中的很多夫妻常常感到孤獨、不安全、不親密。這種消極情緒使得很多人對婚姻漸漸失望，最後只好將婚姻設定在一個「維持」的低水準上。其實，這早已違背了結婚的初衷：陌生男女因為相愛走到了一起，而結婚是為了更好地相愛。

　　朋友應該是支持你的人，是和你站在一起的人，是可以和你敞開心扉談論問題、令你有安全感的人。將朋友發展成愛人，那是愛情的勝利；而如果將愛人再培養成為親密的朋友，那就是愛情的最高境界了。

　　在漫長的婚姻生活中，事業上的挫折和失敗，家庭生活中的種種矛盾，人際關係相處中的誤會等，都容易給人造成極大的心理負擔。如果想要做一個朋友式的伴侶，在對方失意的時候就要及時給與對方充分的安慰和鼓勵，為他尋找其中的原因，並為其獻計獻策，使其儘快走出低谷。

　　心理學專家約翰・葛特蒙博說：「夫妻之間的激情猶如電光火石，肯定會漸漸消失的。但是那些善於維繫彼此之間良好友誼的夫妻，就會一如既往的激情滿懷。他們成了最好的朋

友，互相理解、互相幫助。這就是婚姻的真諦，只有成為了好朋友，才能真正做到包容和諒解。」

很多夫妻之間缺少必要的尊重和理解。很多人認為兩個人相處久了，就有權力要求別人對自己無償的付出，總希望從對方身上獲得些什麼。當這種生活經過時間的醞釀和發酵，慢慢地變味之後，才發現婚姻危機四伏，一碰就碎。

那些覺得彼此是夫妻，理所應當的要求和傷害對方的人，直到後來才發現，這樣的相處方式換來的並不是幸福。試著讓婚姻退化到朋友關係，給彼此足夠的尊重和空間，婚姻反倒能夠長治久安。

把愛人當做朋友來對待，就能夠更加包容和體貼對方，不會隨意干涉對方的生活，不會單方面不容置疑地強求對方去改變，更不會隨意的用語言來攻擊對方。在發生意見分歧時，就會以相互商量的方式解決，注意聽取對方的意見。

朋友關係能夠讓兩人更加和平的相處，當一方給另一方提供幫助之後，接收方不會覺得是理所應當，而是給予真誠的感謝。以朋友關係相處，能夠讓夫妻雙方感情更加和諧。

相敬如賓不是愛

> 尊敬，意味著距離，中間隔著敬畏。更多的存在於上
> 下級之間，彼此的力量也有差異。
> 但是，愛不計較這些，沒有上下之別，也不認可所謂
> 的力量。所以，名譽心強的人一般不願意接受被愛，
> 因為被尊敬比被愛更吸引他們。 ——《人性的，太人性的》

　　「相敬如賓」語出《左傳·僖位公三十三年》，大意是
說：春秋時一個叫郤芮的人和妻子在用餐時互相恭恭敬敬，舉
止如同賓客一般。另外有一個相似的成語「舉案齊眉」，則是
說漢代名臣梁鴻的妻子孟光總是把飯菜舉到眉毛那麼高，恭恭
敬敬地請丈夫用餐。

　　歷來人們都把「相敬如賓」、「舉案齊眉」這兩個詞語作
為美滿的婚姻和愛情的標桿，說夫妻應該相互尊敬，如同對待

客人一樣。事實上，那是因為古代女子地位不高，所以得到夫君的敬重應該是一件很幸福的事，這種觀念用於如今的情侶和夫妻間卻未必適宜。

愛人並不是彼此的賓客，而是人間的至親至愛。夫妻之間處處以禮相待，客客氣氣的，那他們之間肯定很難有屬於夫妻之間的那種熾熱、水乳交融和相濡以沫的情愛。長久的相敬如賓，只會讓愛情窒息。

英國作家勞倫斯說：「愛得越深，苛求得越切，所有愛人之間不可能沒有意氣的爭執。」相互敬重沒有錯，但不能去刻意地營造。相敬，是內心對對方人格的尊重，並非流於表面的客氣，過於注重形式就會使夫妻間產生距離，這種距離會讓夫妻雙方漸漸冷淡，而冷淡又會讓雙方在生活中趨於沉默。

表面的相敬如賓，恰恰是因為心的距離很遠。真正的愛情是兩顆自由的心靈的自由組合，是兩顆心之間平等的交流，而不是來自任何一方的恩賜。

如果一方居高臨下，習慣操縱對方的意志，或一方自卑自賤、自慚形穢，希冀在仰視對方的過程中求得點滴的施捨，那麼他們之間就不可能隨心所欲、無拘無束。彼此間就會客客氣氣去講求各種形式上的繁文縟節，用種種磨折人的言語舉止束縛了自己，但那畢竟只是演給他人看的，又怎能去當了真，一直那樣客套生疏下去？

《紅樓夢》中，賈寶玉同情很多女孩子，但愛的卻只是林妹妹。賈寶玉後來不得已娶了嫻靜賢淑的寶釵，夫婦舉案齊眉、相敬如賓。然而寶玉終其一生，心裏裝著的都只是林妹妹。「縱對著山中高士晶瑩雪，終不忘世外仙姝寂寞林」，「縱然是齊眉舉案，到底意難平」。

　　兩人同處一個屋簷下，卻不願、也無力做深入的溝通與理解，這真是婚姻的悲哀之處。愛情開始時可以是因爲仰慕、同情，但又絕對不等同於這些，那是愛情的開始，而愛情是一個漫長的旅程。

　　同情一個人與愛一個人不是一回事，愛情不是慈善事業，所以不能隨便施捨。不要因爲受了別人的恩惠，而去愛一個人；也不要因爲同情對方的身世或處境，而在一種自以爲「俠骨柔腸」的思想下去愛一個人。這都是不對的，把愛的基礎建立在感恩或同情上面，是靠不住的事情。

　　在婚姻關係中，沒有誰是主宰，更沒有誰是附庸，誰也不能左右別人的命運。

　　在平等的婚姻中，男女雙方要共同承擔生活的重任，抗擊風雨，共用彩虹。即使是某一方對家庭的貢獻多一些，也是社會角色、文化水準、身體狀況等造成的，與雙方的人格地位無關，沒有人能因此而居高臨下，也沒有人就應該仰視尊崇，小心翼翼，躡手躡腳。

一味地相敬如賓不是愛，愛是不設防沒有距離的心靈。愛是心疼，是小性子，是撒嬌撒潑。愛是真實的情感，毫不掩飾，愛有時甚至是蠻不講理的，是淚水和歡笑。

　　當然，這也並不是說相敬如賓便一無是處了，「敬」是必然，情侶、夫妻之間相互敬重是相愛的基礎和前提。

　　愛上一個人，則這個人必須有吸引你的地方，而這些地方足以讓你去愛他並敬他。許多地方還是要相敬如賓的。比如在一切有第三人存在的場合裏和對方盡情地相敬如賓，這時候的相敬如賓只會讓人想到夫唱婦隨的幸福。

　　相敬如賓是老祖宗留下的華麗宮殿，清冷寂寞卻外表光鮮；煙火夫妻就是溫馨的一張床，外人窺不見，唯有自己才能感知到它的舒適浪漫，花香滿懷。

　　真正的愛情是「執子之手，與子偕老」，愛人們在一起，要的就是互相照顧、愛護，有時候一個小小的曖昧細節都會讓平淡的婚姻甜蜜起來。

最好的愛情，
讓你不斷完善自己

當你愛上一個人，你會努力掩飾自己的缺點和短處。
這並不是虛榮心作祟，而是不想傷害自己愛的人。
並且，你會在對方發現自己的缺點之前，盡可能改掉
它。我們會在愛中不斷完善自己，成長起來，逐漸接
近完美。
　　　　　　　　　　　　　　　　——《快樂的知識》

　　屠格涅夫說過一句話：「人只有依靠愛情才可以到來一個
其他任何東西所不能引起的、特別的黃金時代。」

　　莫里哀也說：「愛情是一位偉大的導師，她教會我們重新
做人。」

　　最好的愛情，是會為你打開一扇門，它讓你看到所不曾看
到的，學會所不曾學會的，變成更強的你們。戀愛中，我們從

年輕、幼稚的理想主義者，成爲腳踏實地的生活者。我們在痛苦和甜蜜、傷心和依戀中領悟到了愛的真諦，體會到了生活的意義，我們會開始看清楚自己，知道自己想要的是什麼，要怎樣去得到我們所想要的。

這世界的確是有好愛情和壞愛情之分的，好的愛情、好的愛人，能激發你更好的一面，使你成爲更好的人。而壞的愛情，只會讓你變成更糟糕的人，它會喚起我們內心陰暗的一面，讓我們越來越惡形惡狀，變成連我們自己都不喜歡的人。

作家張小嫻說：「好的愛情和壞的愛情是很容易分辨出來的，好的愛情使你的世界變得廣闊，如同在一片一望無際的草原上漫步。壞的愛情使你的世界愈來愈狹窄，最後只剩下屋簷下一片可以避雨的方寸地。好的愛情是你透過一個人看到世界，壞的愛情是你爲了一個人捨棄世界。」

好的愛情，能夠讓本來沒有理想、沒有大志的你，變得有理想和大志，本來偏激的你變得包容，本來驕傲的你變得謙遜，本來自私的你變得肯爲人設想，本來沒有安全感的你，變得不再懼怕。因爲有你，我會更喜歡我自己，且願意爲你，讓自己變得更好。

但即使是最孤傲最倔強的天才也不能缺少愛情的補充和激發，雖然天才的生命之樹在任何貧瘠的土壤中也能生長，但如有美好愛情的滋潤和營養，卻可能結出更多更好的果實來。

當貝多芬愛上茱麗之前，他已開始耳聾了。對於一個音樂家來說，耳聾無疑是極為可怕的打擊，但愛情的希望又使他的生命出現了朝霞的光彩，身體狀況變好了，甚至連聽覺也有了康復的徵兆。

他在一封信裏寫道：「你簡直難以置信兩年來我過的是怎樣孤獨而悲哀的生活！我的殘疾好像是一個幽靈，到處阻擋著我，我躲著人，好像是一個厭世主義者，其實我並不是……如今的變化是一個可愛的不平凡的姑娘造成的。以前我經常感到病痛，而近來我的智力和體力從某一個時期愈來愈強健起來，我已窺見那未來的目標，我一天比一天更接近它……」

小仲馬曾經在《茶花女》中寫道：「真正的愛情永遠是使人積極向上的」，愛情可以讓我們共同面對生活中的一切挑戰，讓我們更有勇氣和決心戰勝生活中的困難，兩個人的感情正是在共同經歷的甜、酸、苦、辣當中，才會變得越來越深厚、越來越真實。

最好的愛情是兩個人能共同成長。在愛情中，你也許會害怕對方被某些方面比自己更優秀的人所吸引，所以你會不斷地自我反省，努力隱藏其自身的缺點，一直努力改進並成為完美的人；為了保持一致的步伐，兩個人可以互相扶持、互相幫助、共同發展，眼光一起開闊，思想一起提升，在愛情裏，共同面對生活中的風風雨雨。

愛情讓我們成長，我們愛別人，也被別人所愛，受過傷害，也傷害過別人，歡欣、沮喪、失望、思念、等待，受盡煎熬，然後豁然明白，得失並不重要，最重要的是你長大了，變聰明了，變得精采。愛情不是在泥土裏開出的花朵，而是泥土裏的肥料，最後開出的那朵花，是你的人生。

第十一章
生命，應該被熱愛

是的，活著是有價值的！
是的，我應該活下去。

──《快樂的智慧》──

久坐無益

「坐著」儼然成了都市人最常見的一種「姿態」。

從早晨起床開始算起，吃早點要坐著；上班乘車要坐著；如果你是辦公室一族，工作期間要連續坐八個小時左右；到家的第一刻應該是到柔軟的沙發上休息一會兒；吃過晚飯後，不管是上網還是看電視，都還是坐著……我們每天都是在這樣的久坐中度過的，因此我們很悲催地被稱為「坐著的一代」、「久坐一族」。

歐洲的醫學專家曾經向民眾發出警告：「久坐對健康非常有害，倘若你是辦公室一族、司機或者學生等需要長久保持坐姿的人，那麼一定要警惕久坐帶來的危險。」

科學家們曾做過一個實驗：長期把兔子、夜鶯和烏鴉關在籠子裏，不讓牠們出來活動，但給予充足的食物和水，使其睡覺。等到把牠們放出來時，兔子剛奔跑幾步就栽倒在地上死去，夜鶯沒有飛多高就墜地而亡，烏鴉還沒飛到樹枝上就摔下來一命嗚呼了。經屍體解剖後發現：牠們有的心臟破裂，有的動脈撕開，原因是長期缺乏運動，內臟器官發育不良，不能適應運動時血壓升高的需要。

人和動物一樣，其壽命的長短在一定程度上取決於心臟功能的強弱，取決於肺活量的高低。

愛運動的人心臟功能就強，肺活量就高，就能把身體的老化現象降低到最低程度。反之，心跳快的人由於心臟功能弱，排血量相對減少，老化程度也就越快。人如果久坐而不注意活動就可能引起許多疾病。

肥胖病專家詹姆斯指出：「肥胖的人天生更容易被椅子吸引過去，即使在他們成功減肥之後，他們還是會比別人更喜歡坐著。」

詹姆斯說：「人類在過去一百五十萬年的進化中，大部分時間依靠走路和行動的能力，就在一百五十年前，百分之九十

的人還在從事農耕。然後在很短的時間內，我們就變成了椅子的奴隸。」

我們的生活幾乎離不開椅子，而長久地依賴於「椅子」，會對我們的身體造成傷害，比如機體代謝減緩、容易患高血壓、體重直線上升等，因此一些偏激的人給椅子起了一個稱號，「健康的第一殺手」。

可是把椅子等同於健康的殺手是很不妥的，因為椅子不會有意損傷我們的健康，事實上，我們應該改變的是「久坐」的壞習慣。

有資料顯示，喜歡活動的老年人的死亡率比愛坐著的老年人的死亡率低一半。而那些喜歡看電視或者上網的人，無論胖瘦，患高血壓、肥胖、高血脂、高血糖等病的幾率也高於別人。此外，瘦人平均比胖人每天多站兩個小時。

然而，辦公室的白領們工作性質不可能和椅子完全斷絕關係，也不可能和「坐」說再見。想要避免一天都坐著帶來的不良後果，那麼你不僅要注意保持正確的坐姿，還要經常像貓咪一般伸伸懶腰，或者起身走動走動，以舒展四肢，消除疲勞。

繞桌邊走動幾圈或者時常去接點水喝，或者乾脆撤掉椅子坐在運動球上，都是好辦法。後者能讓你時刻保持重心穩固，可以矯正坐姿並且收腹挺胸。

生命在於運動，一個人沒有健康的體魄，就沒有足夠的精

力去工作，也無法享受幸福的生活。世界衛生組織體育活動專家阿姆斯壯表示，那些花大量時間坐著的人，如果運動能夠貫穿每一天，而不只是每天的一段時間，或許會對他們的健康更有益。

人們常說：「飯後百步走，能活九十九。」、「百練不如一走。」這兩種說法足以說明散步在健身中的重要作用。

「飯後百步走」尤其適用於長時間伏案工作的人，適合身體偏胖或胃酸過多的人。這些人要是能在飯後多散步二十分鐘，動靜結合，就能減少胃酸分泌和脂肪堆積，進而促進身體健康。而且散步是日常生活中最簡單易行的運動法，運動量不會很大，但健身效果卻是很明顯，而且不受年齡、體質、性別、場地等條件的限制。

為了身體健康，我們不要太「宅」，應該儘量多參加一些戶外活動，比如經常出去逛逛街，見見朋友，爬爬山……把運動融於日常生活中，長期堅持下去，久而久之，這種行為便會成為一種習慣，使人終身受益。

對待疾病要有豁達的態度

> 對一個內在健全的人而言，疾病甚至可以作為生命的有力刺激品，作為生命旺盛的刺激品。我就是以這種態度來看我長時期的疾病的：我好像重新發現了生命，包括我的「自我」在內。　　——《尼采的生命哲學》

　　俗話說，有什麼別有病，疾病乃是人生之大苦。但有人卻以豁達的心態，從病痛裏濾出快活的滋味來。

　　蘇東坡一向樂觀，因偶然得病，悟出了連生病都不是糟糕透頂的事情：「閉門野寺松陰轉，欹枕風軒客夢長。因病得閒殊不惡，安心是藥更無方。」說得何等灑脫！

　　十八世紀德國作家諾瓦德斯說：「病是教人學會休息的女教師。」錢鍾書認為「精神的煉金術能使肉體痛苦變成快樂的資料。」他們在病魔面前都表現出一種坦然，以積極的態度對

待疾病，從而獲得一種清閒與休息。

　　人吃五穀雜糧，哪能不得病。病，是一個人生活中乃至生命歷程中的一種非常狀態。生病自然是痛苦的，可有的人一看自己有病便惶惶不可終日，甚至疑神疑鬼把自己的病看成不治之症。

　　只要我們能夠以平和的心態對待疾病，疾病也不會糾纏我們太久。一個人患病後，思想上自然會產生許多顧慮和苦惱，以致不思飲食，夜不能寐，甚至出現破罐破摔的絕望情緒，那麼這種絕望情緒對人的打擊，有時會遠遠多於疾病本身。

　　古代醫家稱：「憂愁悲喜怒，今不得其次，故令人有大病矣。」又說：「精神內守，病安從來？」這些都說明精神作用對疾病的影響是何等的重要。

　　「誰要是能夠對悲哀一笑置之，悲哀也會減弱它的咬人的力量。」歷盡人世滄桑的莎翁，在嘗試了種種對抗哀傷的方法之後，最終選擇了微笑這一武器。

　　人生有些災難病痛是人力所難以左右的，此時與其呼天搶地、悲痛欲絕，讓災難進一步逞威肆虐，摧殘我們的心靈，毋寧樂觀堅強地面對不幸，笑對病痛，不讓愁雲慘霧壓倒我們心中那片生機和盎然春意。

　　人難免患病，有病並不可怕，正確的態度是，一不諱疾忌醫，有病早治，無病早防；小病小治，大病大治。二要情緒樂

觀，「既來之，則安之」。消極的情緒，可以致病；而樂觀的情緒，卻可以治病。目前，對許多病採用心理療法，取得了意想不到的效果。尤其是一些慢性病患者如果性格頑強、情緒樂觀，就可減輕病痛，有利於治療。

冰心說：「在快樂時我們要感謝生命，在痛苦中我們也要感謝生命。快樂固然興奮，苦痛又何嘗不美麗？」生命是一束純淨的火焰，面對病痛，我們可以依靠自己內心看不見的太陽支撐著生命。

病痛有時是一種財富，一種精神財富。當你在痛苦的縫隙裏找到陽光和快樂，你就會長成挺立在天地間的一株參天大樹。病痛就像是生活的調味劑，讓人最大程度地挖掘自身的毅力，成爲生活的強者。

只有經歷過病痛的磨礪，才能更深刻地體會出快樂生活的真諦。

既然會死

人總免不了一死，所以在面對死亡時，我寧願選擇慷慨赴死。

人的生命總有一天是要終結的，所以我選擇全力以赴的向前衝。

時間總是只有那麼一點點，所以我選擇了把握此時此刻的瞬間。至於唉聲嘆氣，就留給那些歌劇演員們去做吧。

——《權力意志》

就如同大自然的花開花落一樣，人的生死就像白天和黑夜一樣平常無奇。「人生自古誰無死」，死是萬物新陳代謝的必然結果，不可抗拒的自然規律。

但是人們又都有希望生存、不願死亡的願望。因此，不論古今中外、帝王將相，還是現代科學家，幾千年來都一直在

尋找著「長生不老藥」。當然，這是無濟於事的，現在科學家只能找到抗老防衰、延年益壽的方法，而永遠不會找到不死的「靈丹妙藥」。所以，有人說：「人從生下來就註定要一步一步走向死亡。」

因為人世間有情在，所以古往今來，人們總是為生離死別而哀傷悲泣。然而，「月有陰晴圓缺，人有悲歡離合，此事古難全。」

陶淵明是豁達的、樂觀的，所以他能夠以一語道破生死的問題：「親戚或余悲，他人亦已歌。死去何所道，托體同山阿。」

對於死亡，過度恐懼反而會有損身體，明智的態度就是順其自然，自由自在地生活。只有真正的修煉者，因為洞悉了永恆的真理與生命的真相，才會逐步看淡生死，所以對死亡不會心存恐懼。

有一句古話說：「視死如歸。」一個人如果能夠看淡生死，敢於視死如歸，確實不是一件容易的事。歷史上有兩種人達到了這種境界，一種是在修行中，歷盡劫難滄桑、參透生死，對人生已經大徹大悟的人；另一種是胸懷高遠大志，心有精神大義而能將生死置之度外的人。

孔子謂：「殺身成仁」；孟子曰：「捨生取義」；司馬遷認為「人固有一死，或重於泰山，或輕於鴻毛。」對死亡的態

度恰好是對生的態度的反證。懼怕死亡的人往往在生活中患得患失，憂慮重重；而不怕死亡的人才能樂觀進取，力爭在有限的生命中創造出無限的事業。

莎士比亞一段名言，足以令人回味：「懦夫在未死以前，就已經死過好多次；勇士一生只死一次。在我所聽到過的一切怪事之中，人們的貪生怕死是一件最奇怪的事情，因為死本來是一個人免不了的結局，它要來的時候誰也不能叫它不來。」

總之，有生必有死，死亡永遠伴隨著生，相依為命，寸步不離。人的生命同世間一切的生物一樣，一旦死亡就不可能再次複生。如果因此而輕視或浪費生命，那也是不可原諒的錯誤。在死神召喚之前，我們還應充實地過好每一天。

每個人都要順其自然，正確的對待死亡，把死亡看成是人生的必然「歸宿」。即使是面對死亡，也不會太過悲觀，無須驚駭，順其自然，處之泰然。既然死亡是不可避免的，就更應該在有限的歲月裏，讓生活充滿著陽光。看淡生死才能夠更好的瀟灑人生，享受人生。

珍惜並熱愛生命

是的，活著是有價值的！是的，我應該活下去。

——《快樂的智慧》

古人所謂：「人生如朝露」，「人生如白駒過隙」，都是說明人生的短暫。「盛年不再來，一日難再晨，及時當勉勵，歲月不待人！」然而，生命的無常和短暫，不應當成爲我們厭棄人生的理由，相反它可以激發我們用這樣一種態度去生活，那就是：珍惜生命，熱愛生命。

傑克・倫敦那篇著名的《熱愛生命》的小說裏，淘金人歷盡苦難和艱辛，從死亡線上掙扎過來，使人們覺得人的生命力是多麼強大，人的生存欲望是多麼強烈，人在死亡的邊沿才會深切感受到生的可貴。

只有失去過才知道擁有的可貴，然而生命不能做這樣的遊戲，因為生命只有一次。既然「人身難得」，所以，我們更應當珍惜這永不復再的生命。我們應當用虔敬的、感激的、清醒的態度和最大的熱情、最大的勇氣，去過好生命的每時每刻。

很多人很想熱愛生命，卻不得不向生命告別。所以，活著就是一種幸福。

當你可以活著、笑著、哭著、吃著、睡著，真真實實地感受到生命的流動易逝，你的存在就是一種幸福。活著，就是一種幸運。幸運的是你可以看到那和煦的陽光，幸運的是你可以呼吸著新鮮空氣，幸運的是你可以自由地行走於天地間。

大仲馬在《基督山恩仇記》末尾寫道，人類的全部幸福就在於希望和等待之中。

希望是幸福，等待是幸福，活著是最大的幸福。如果失去了生命，偉大的理想，幸福的生活，快樂的人生，都只能是我們腦海中的宏偉藍圖而已。所以只有活著，珍惜生命，才能實現更美好的願望。

一位著名的演說家手裏高舉著一張二十美元的鈔票，問台下眾人：「誰要這二十美元？」

台下眾人聽了一隻隻的手全舉了起來。

他接著說：「我打算把這二十美元送給你們中的一位，但在這之前，請准許我做一件事。」

他說著將鈔票揉成一團，然後問：「誰還要？」

台下眾人仍有人舉起手來。

他又說：「那麼，假如我這樣做又會怎麼樣呢？」他把鈔票扔到地上，又踏上一隻腳，並且用腳碾它，而後他拾起鈔票，鈔票已變得又髒又皺。

演說家說：「現在誰還要？」

台下還是有人舉起手來。

他說：「朋友們，你們已經上了一堂很有意義的課。無論我如何對待那張鈔票，你們還是想要它，因為它並沒貶值，它依舊值二十美元。」

人生路上，我們會無數次被自己的決定或碰到的逆境擊倒甚至粉身碎骨，正如鈔票被揉被碾一樣，我們會覺得自己似乎一文不值。但無論發生什麼，都要相信，我們的生命正如這二十美元一樣，永遠不會流失價值，我們要把自己的生命當成無價之寶。

生命是美好的，不在於每時每刻的美好，而是因為豐富多彩而美好。熱愛生命，不僅要愛美好的結果，也要熱愛艱辛曲折的過程。你應該懷有健康而珍惜的目光善待自己的生命，你應該用自己的熱情去維護、澆灌自己的生命之花，不要因生活中小小的不如意而私下扭曲生命的輝煌，更不能輕言放棄生命的脈搏。

生命在閃耀中出現絢麗，在平凡中出現真實。當你發現你所承擔的角色有高低之分時，你要快樂、勇敢，不要因為職業的低微而輕視自己，不要因為一些不如意而自卑自棄，更不要因生活中出現的某種小插曲而放棄生命。

　　珍惜生命就要珍惜今天。昨天的太陽再也照不到今天的樹葉，而今天的樹葉再也不是昨天的那一片了。但我們要認真面對生命中的每一分鐘，這樣我們的年華才沒有虛度。

　　生命需要用真心演繹，需要用盡全力走好每一步，需要用心呵斥，那樣生命的道路就是美的極致。每朵花都有其獨特的色彩，每顆星都有其光芒的璀璨，每縷清風都會送來微微涼爽，每滴甘露都會滋潤原野，每篇樂章都會留下不朽的詩篇。生命因為有意義才值得珍惜，生命因為美好才值得珍惜。生命因為有限才值得珍惜。

　　生命是每個人的財富，世界因有了生命而絢麗多姿，生機勃勃，讓我們更熱愛與珍惜自己的生命，認真把握人生中的每一分每一秒。

東方心靈大師：南懷瑾

左手國學，右手商道；心懷天下，謹言慎行

南懷瑾（1918~2012），浙江溫州樂清人。精通儒釋道三家，鑽研佛學研究，人稱百年來無出其右者。遍讀諸子百家，兼及拳術、劍道等各種功夫，且通醫術卜卦，堪稱一代奇人。而他與蔣經國、李登輝、江澤民及劉泰英、尹衍樑等政商界重要人物亦建立了某種程度的關係，縱橫海峽兩岸政商、文化界，弟子遍及全球。一度名列「臺灣十大最有影響的人物」。

南懷瑾大師的十六堂課

一本拂拭心靈塵埃的智慧讀本
一冊助你修身立命的塵世經書

十六堂佛學課，十六堂生活禪，十六堂智慧心……
學習南懷瑾的十六堂佛學課，聆聽來自佛門淨土的般若智慧，
教你在一呼一吸之間領略人生的真諦。

文/ 張笑恒　單冊定價280元

南懷瑾大師的實用智慧

三千年中國商業精髓娓娓道來
一本凝聚南懷瑾商業智慧大書

「上下五千年，縱橫十萬里，經綸三大教，出入百家言。」
本書以南懷瑾宣導建設金溫鐵路為案例，結合他商界的演講，
全面詳盡地講述南懷瑾非同一般的東方商業智慧。

文/ 林宏偉　單冊定價280元

南懷瑾：一代大師未遠行

以弘揚中國傳統文化為己任，
尹衍樑、溫世仁、馬雲等企業界人士心靈導師！

他受密宗加持，卻不接受供奉；他是國學大師，卻做生意建鐵路；
他沒加入黨派，卻擔任海峽兩岸密使！
哲人日已遠，典型在夙昔，彷彿一代偉人仍未遠行……

主編/ 周瑞金、張耀偉　單冊定價240元

咖啡館裏遇見尼采

作 者：張笑恒
出版者：風雲時代出版股份有限公司
地址：105台北市民生東路五段178號7樓之3
風雲書網：http://www.eastbooks.com.tw
官方部落格：http://eastbooks.pixnet.net/blog
Facebook：http://www.facebook.com/h7560949
信箱：h7560949@ms15.hinet.net
郵撥帳號：12043291
服務專線：(02)27560949
傳真專線：(02)27653799
執行主編：朱墨菲
美術編輯：許惠芳

法律顧問：永然法律事務所 李永然律師
　　　　　北辰著作權事務所 蕭雄淋律師
版權授權：馬峰
初版日期：2016年6月
ISBN ：978-986-352-340-6

總 經 銷：成信文化事業股份有限公司
地　　址：新北市新店區中正路四維巷二弄2號4樓
電　　話：(02)2219-2080

行政院新聞局局版台業字第3595號 營利事業統一編號22759935
©2016 by Storm & Stress Publishing Co.Printed in Taiwan
◎ 如有缺頁或裝訂錯誤，請退回本社更換

定價：280元

國家圖書館出版品預行編目資料

咖啡館裏遇見尼采 ／ 張笑恒 著. -- 初版 --
臺北市：風雲時代，2016.04 -- 面；公分

　ISBN 978-986-352-340-6（平裝）

　1.尼采(Nietzsche, Friedrich Wilhelm, 1844-1900)
　2.學術思想　3.哲學
　147.66　　　　　　　　　　　　105004426